# Traumverloren

# Traumverloren

*Aus meinem lyrischen Tagebuch*

Marianne Hartwig

Bibliografische Information Der Deutschen Bibliothek:
Die Deutsche Bibliothek verzeichnet diese Publikation in der
Deutschen Nationalbibliographie; detaillierte bibliografische
Daten sind im Internet über <http://dnb.ddb.de> abrufbar.

Copyright © 2024 Marianne Hartwig
Layout und Gestaltung: Chris von Gagern
Umschlag: Gerlinde Mader, *Schwarzes Kistenbunt,*
Acryl/ Leinwand, 30 x 23 cm, 2015
Herstellung und Verlag: BoD – Books on Demand,
Norderstedt
ISBN: 978-3-7583-8339-7

In meinen Träumen bin ich verliebt wie der Gärtner in die wilden Blumen seines Gartens: Er säte sie nicht, er pflanzte sie nicht – der Mantel des Nachtwindes oder der Flügel eines fremden Schwärmers trug ihren Samen über die Mauern…

Paula Ludwig

# Inhalt

# Vorwort

Der jährliche Band von Marianne Hartwigs morgendlicher Reimtätigkeit ist diesmal als *Traumverloren* tituliert. Es ist ihre vierzehnte Lyrik-Publikation und insgesamt die fünfzehnte, wenn man ihre Erzählung *Ojalá* von 2023 mitrechnet.

Der Untertitel *aus meinem lyrischen Tagebuch* weist darauf hin, dass es vorrangig wieder um ihr persönliches Umfeld geht: ihre Wahlheimat Ibiza, das Leben in der Natur und mit den Tieren, denen sie ihre besondere Aufmerksamkeit widmet, und Reflexionen über sich und ihre bevorzugte Tätigkeit des Reimens.

Ein besonderes Thema dieses Bandes, das der Titel schon ankündigt, sind Träume, mit denen sich die Autorin in zwei Kapiteln eingehend befasst.

Über ihren persönlichen Bereich hinaus geht das Kapitel 'Frieden und Krieg', das aus aktuellem Anlass auf den Konflikt eingeht, den Putins Russland der Ukraine aufzwingt.

Erneut lässt dieses *lyrische Tagebuch* den Leser eng an den alltäglichen Erfahrungen der Autorin teilnehmen.

Chris von Gagern, Ibiza, Mai, 2024

# TRAUMVERLOREN

# Inselleben

## Gegenwart

Unter den warmen Sonnenstrahlen unter dem Sabina-
    Baum zu hocken
Was könnte schöner sein
Keine Abenteuer locken
Hier bin ich angekommen – hier bin ich daheim

Meine Freunde machen eine Inselrundfahrt
Am Abend treffen wir uns an der Cala Martina –
    beneidenswerte Gegenwart.

## Leiden

So sind sie – die Inseltage
Schon in der Früh bin ich dankbar und wage

einen optimistischen Blick
vor und zurück

Ohne Training wäre das nicht möglich
Seit vielen Jahren trainiere ich täglich

Auch wenn das nur meine Lieben interessiert
Allein-Leben verführt

zum Schreiben
Leider auch zu wenig Mitleid mit denen die lieber leiden.

## Individualist

Manchmal befinde ich mich in dieser anderen Welt
Sie scheint mir nicht unbekannt zu sein
Ob sie mir gefällt
weiß ich nicht – ich fühle mich allein

Dann treffe ich auf den Menschen der mich gelehrt
    hat das Leben so zu lieben wie es ist
Nicht jeder hat die Gunst geliebt zu werden als
    Individualist.

## Überwinden

Sie verlassen diese Welt
Einen meiner Lieblingsautoren gibt es nicht mehr
Martin Walser hat sich dem Club der toten Dichter
    hinzugesellt
Er war einer der Großen – mit ihm, seinen Büchern,
    sitze ich am Meer

Eigentlich wollte er ein Lyriker sein
Aber damit ist kein Geld zu verdienen
Folglich sah er ein
Prosa heißt auch dienen

Heißt anpassen
Den Eigenwillen zeitweise verlassen
Phantasie und Erinnerung miteinander verbinden
und feststellen: So sind sie, die Geschichten, sie helfen,
    Lustlosigkeit überwinden.

## Still und leise

Einen Ort gefunden zu haben
an dem man bis zu seinem Lebensende Lust hat zu
    bleiben
heißt dankbar zu sein für die Schicksalsgaben
Und die Gunst, nicht zu leiden

Hier bin ich zu Hause
Hier lebe ich – nicht in Saus und Braus
Aber in täglichem Einverständnis mit der Natur
Nur

Klagende stören manchmal meine Kreise
Ich vermeide sie – still und leise.

## Insel-Dasein

Ob ich mich morgen traue ans Meer zu fahren –
    eher nicht
Wenn ich dem Vogelgezwitscher auf dem Dreschplatz
    lausche ist das fast
ebenso schön, und ich schreibe ein Gedicht
Der Spatz vor mir auf dem Sabina-Baum-Ast
sagt mir gerade: Jetzt, in diesem Augenblick ist dies
    dein Insel-Daheim
Und die Schicksalsgunst hilft dir, damit zufrieden zu sein.

## Farbenprächtig

"Ein Tag wie gemalt", pflegte Oma zu sagen
Heute ist so einer
Ein Tag, an dem man sie nicht stellen muss – die
    Lebensfragen
Er ist ein Geschenk, es bedarf keiner

Erklärungen – der Natur ist es schon immer gelungen,
    Glück zur verheißen
Heut bin ich ein Glückskind
Nichts muss ich mir beweisen
Nur hinschauen, die Bilder betrachten – wie farben-
    prächtig sie sind!

## Mit sich selbst im Reinen sein

Auch im Bett hat Buch und Katz
seinen Platz

Griffbereit
Katz braucht Streicheleinheit

Das Buch lockt
Hin und wieder schockt

der Inhalt oder stärkt den Eigenwillen
Um die *casita*\* herrscht Stille

Ein ideales Daheim
Absolute Voraussetzung, mit sich selbst im Reinen zu sein.

\*Span. Häuschen

## Mit viel Rosmarin

Keine Lust zu reimen kommt selten vor
Doch heute kam Teresa
Und die hat nur ein Ohr
für Prosa

Mehr oder weniger geduldig höre ich mir die
Krankengeschichte vom Nachbarn an
Während ihr Hund Lali alle Katzennäpfe leer frisst
und Rojo im Vorbeigehen demonstriert, wer der Herr
      in der *casita* ist
Doch Lali lebt mit einer Katz zusammen "das nimmt
      sie nicht an"
wie der Nachbar zu sagen pflegt

Teresa packt ihren Geschenkkorb aus – Mandarinen
      in Hülle und Fülle
Eine sanfte Brise weht
Wir genießen zusammen die Landidylle
und verspeisen genüsslich Risotto-Reste ohne Huhn,
      mit viel Rosmarin
Teresa ist Vegetarierin.

## Lernen

Brot und Bücher wegzuwerfen ist für mich unmöglich
Brot zerkrümelt in Sahne liebt jede Katz
Bücher finden vor fast jeder *tienda** in einer Kiste
einen   Platz
"Das freut mich"

meinte dann meine Freundin Isolde
die ebenfalls ständig lesen wollte
Zwischen meinen Bücher-Schätzen ist mancher Fund
    aus einem *tienda*-Regal
Dankbar lese ich Neuzugänge jedes Mal

Ob sie einmal meine Nachkommen erfreuen steht in
    den Sternen
Nicht immer freut es uns aus Erfahrungen unserer
    Vorfahren zu lernen.

*Span. Laden, Geschäft

## Im All

Sobald der Tag beginnt suchen die Nachtgespenster
    das Weite
Das Licht deckt ihre Schreckensmethoden auf
Nur in der Finsternis üben sie ihr Macht aus
Mit der Angst-Phantasie an ihrer Seite

Flüge im Traum enden in Notlandungen, sind absturz-
    bedroht
Überall lauern Kummer und Not
Wie wunderbar ist dann der Lichteinfall
Von Gegensätzen begleitet leben wir auf unserer
    Wunderkugel im All.

## Zur Kenntnisnahme

Jeder einzelne meiner Leser ist eine Bereicherung
Manche lassen es mich wissen
Das gefällt mir, ist eine Bestätigung
Würde ich fehlende Kenntnisnahme vermissen?

Auf Verkäufe bin ich nicht angewiesen
Meine Sommergäste sorgen für den Lebensunterhalt
Sie lieben die alte *finca* – die Ruhe, den Pinienwald
und sind in der Lage, die Einfachheit zu genießen

Auch die Insel und ihre Geschichten
Die meisten finden Gefallen an meinen Gedichten
Das sind die Immer-Wiederkehrenden
die nicht nur die ehemaligen Blumenkinder und deren
    Illusionen verehren.

## Sanftes Ruhekissen

Wieder einmal hat der Sturm einen Baum gefällt
Er versperrt den *camino*
Ohne Hilfe kein Ausweg aus meiner kleinen Welt
*Ánimo*!

Hätte ich mich für das Stadtleben entschieden
Wären Um-Fälle wie diese mir erspart geblieben
Doch dann machen wir ein kleines Beseitigungs-Fest
genießen die mitgebrachten Früchte und wissen

Das Leben auf dem Land lässt
uns immer wieder erkennen: Gegenseitige Hilfe ist wie
    ein kleines Ruhekissen.

# Tagesstimmungen

## Tagträumen

Alles ist Material für Jemanden der schreibt
wie man es benutzt – darauf kommt es an
Wie es im Gedächtnis bleibt
Wie intensiv – wie lang

Einer dicken Hummel zuzusehen
wie sie den Nektar der Strelizie trinkt
ist wie ein einmaliges Geschehen
und gleichzeitig, immer wiederkehrend, unbedingt

ein Bild, das ins Gedächtnis eindringt
Zum Aufschreiben zwingt
um es wieder betrachten zu können
Wir könnten es auch Tagträumen nennen.

## Sprachfreiheit

Gedichte sind Gedanken-Exkursionen
in jene Zonen

die die Wirklichkeit verwandeln
die oft von Träumen handeln

Nur unterwegs sein
mit sich und der Sprache allein

Wie hilfreich das sein kann weiß nur der
der seine Blicke gleiten lässt – über das weite Meer

und jene Welten, die außerhalb unserer Sicht existieren
und sich verlieren

in der Unendlichkeit
in der Sprachfreiheit.

## Gar nicht so selten

Wenn Lesen eine Flucht ist
ist Schreiben ein Ankommen – ein ins-Weite-Sehen
Das Spiel mit Worten ohne Bitternis
lässt Wohlbehagen entstehen

für den, der sie sucht – weite Sicht
und die Lust, neue Wege zu gehen
Wege ins Licht
mit neuen Ideen

Eine Kombination aus Biografie und Fiktion
ist immer eine Faszination

Ein Blick in Wunderwelten
Denn Wunder gibt es – gar nicht so selten.

## Verzicht

Ein lyrisches Tagebuch zu schreiben
ist keine Kunst
Es ist eher der Versuch, Melancholie zu vertreiben
Wenn das gelingt, ist es  Schicksals-Gunst

Vor allem dann wenn Freunde meinen
Deine Überlegungen vereinen
Freude und Leid
so, wie auch wir sie empfinden

Sobald wir das Leid überwinden
Sind wir befreit
eine Lebensart zu finden
die Frohsinn einschließt – eine Form schicksalhafter
    Bereitwilligkeit

Ein wenig Mut ist erforderlich
Vielleicht auch Verzicht.

## Alegría

In immer wieder ähnlicher Form Sprach-Bilder zu malen
ist ein tägliches Vergnügen
Die Bilder meiner Freundin Tamara animieren mich
Sind Ausdruck ihrer Lebenskraft und -freude
Leuchten von den Wänden in der *finca*
und sind - wie heute
pure *alegría.**

*Span. Freude

## Immer schon

Absolute Windstille ist wie Zeitstillstand
Geht Hand in Hand

mit der Tagesstimmung – mit dem Ausblick aufs Meer
und von weit her

wehen Erinnerungen an gute Zeiten
die die Windstille begleiten

Meeresrauschen und Dankbarkeitsgefühle – eine ideale
    Kombination
Immer schon.

## Kostbar

Wenn ein Blick zu einem Bild
und ein Wort zu einem Gedicht wird
ist dieser Zustand von Dankbarkeit erfüllt
Wir werden von guten Geistern verführt

Und lieben unser Dasein
Wir richten uns ein
in der Endlichkeit – in der Gefahr
und staunen über all die kleinen Wunder – weit und breit
Jeder Tag ist kostbar.

## Medizin

Eine Kunst-Richtung gefunden zu haben
die täglich Freude macht
Gehört zu den Schicksals-Gaben
die dankbar machen – Kraft schafft

Jeder hat ein Talent
Jeder kennt
die Freude etwas zu tun was ablenkt von Sorgen
    und Leid

Das Leben macht Sinn
Kunst ist Medizin.

## Friedensstifterin

Alle Religionsgründer waren Männer
Es gab zwar Göttinnen
Aber sie waren keine Allein-Herrscherinnen
Auch Männer sind Friedens-Kenner

schienen sie zu denken
Jedoch, das Leben zu lenken und weiter zu verschenken
ist Frauensache – kein Wunder
dass Männer diese Macht

nicht nur eifersüchtig macht
Auch sie möchten verschenken
und nicht nur stolz ihre Macht-Instrumente schwenken

Die erste Religionsgründerin auf Erden
wird nicht angebetet sondern als Friedensstifterin
    verehrt werden.

## Im Gegensatz

Zu akzeptieren:
"Ich bin wie ich bin" bedeutet späte Lebenskunst
Schließt ein: Ich darf mich irren
Darf verschiedene Lebensformen ausprobieren
Und den Glauben trainieren:
Sie existiert – die Schicksals-Gunst

Der kategorische Imperativ ist eine hilfreiche Voraus-
    setzung
Er ersetzt mindestens 10 Gebote und im Gegensatz zu
    Religionen bringt er Andersdenkende nicht um.

## Das Ziel

So sind sie, die Gedanken
Sie wandern und landen
in den Lieblings-Regionen
in denen Erinnerungen und Illusionen wohnen

Und sind verbunden mit den unsichtbaren Geistern
die helfen, das Leben zu meistern

Beeinflusst werden sie von dem Gefühl
das mit dem Verstand um die Vormacht streitet
Davon gibt es viel zu viel
doch es leitet und verbreitet

Wohlergehen und Wohlgefühl
solange eine Eintracht besteht – Gelassenheit ist das Ziel.

## Wald- und Wiesen-Einerlei

Von Morgenstern inspiriert, gehen die Gedanken spazieren
Sie haben es nicht eilig und nichts zu verlieren

Dafür finden sie bald
Beim Spaziergang im Ideen-Wald

Viele Kinkerlitzchen und Wort-Firlefanz
Das macht sie ganz

Verlegen – viel lieber hätten sie Weisheiten gefunden
Doch die verstecken sich meist hinter Besserwisserei

Unsinn dagegen blüht und gedeiht im bunten
Wald- und Wiesen-Einerlei.

## Theorien

Wort-und Farbspiele nennen wir Kunst
Wir wollen sie festhalten
denn uns
fehlt das dauerhafte Glücksverhalten

Auf der Suche nach dem Sinn
Verführen uns die unterschiedlichsten Philosophien
Ich bin
folglich ein Lebewesen – als Mensch eines mit hundert-
    tausend Theorien

Mit Tieren zusammenzuleben ist eine Gunst
Und eine Lebenskunst.

## Vergehen

Absolute Windstille
Wie Willensstille

Was für ein Zustand
Was für ein Stillstand

Keine Bewegung in Sicht
Einfach herbeiführen lässt es sich nicht

Nur stillschweigend um Dauer flehen
Dann wird es eine Weile nicht vergehen.

## Der Kreis

Verse sind Lichtblicke – sind Einblicke
in die Tagesstimmung
Sie füllen die Lücke
Zwischen Realität und Wünschen
Verharren in der Gegenwart und sehnen sich nach
    Verständigung

Die finden sie bei all den toten Dichtern
In deren Kreis sie einst aufgenommen werden
Umgeben von Lichtern
Einer langen Evolution
Immer schon
halfen Lichtblicke
der Menschheit schon vor zweihunderttausend Jahren
Ihre Fels-Malereien waren
der Beweis
Einst schließt sich der Kreis.

## Zuversicht

Hattest du heute schon den Pinsel in der Hand
frage ich meine geliebte Freundin
Sie lacht, du weißt mein Pinsel ist dein Stift – exorbitant
Nur mit ihm bin ich ein Optimist

Pinsel und Stift
Sie helfen, das Leben zu bewältigen und vermitteln
   Zuversicht.

## Menschlich

Eine Büchernärrin zu sein
schließt viele Narrheiten ein

Zum Beispiel die:
Man könnte nicht leben ohne sie

Und: Schreiben wäre lebensnotwendig
Dabei ist es vor allem zeitaufwändig

Was früher oder später zum Allein-Leben führt
Wer schreibt der irrt

Kurioserweise ist das erfreulich
Denn irren ist menschlich.

## Bösewicht

Die guten und schlechten Minuten eines Tages
    zusammenzuzählen macht Sinn
Manchmal machen gerade die nicht so erfreulichen
    nachdenklich
Und plötzlich finde ich versteckt den Sinn darin
Einen Schein von Licht
Was sehr für die Einstellung einer Possibilistin spricht:
Im Zweifelsfall
Auf jeden Fall
einen Freispruch für den angeklagten Bösewicht.

## Lebens-Philosophie als Melodie

Meine Freundinnen kennen meine Lieblings-Autoren
Wenn so ein Bücherpaket im Schließfach liegt
eile ich an den Strand
Schaue alle mit Freuden an

und lese dann
mit größtem Vergnügen
und langem Abstand
Gedichte, die mir schon vor einem halben Jahrhundert
     gefielen

Dieses Mal ist Khalil Gibran
der Freudenspender
Wie mir seine Sprache gefällt!
Lebensphilosophie als Melodie.

## Gedankenwelt

Wenn jemand aus meinem Fan-Club meint:
Meine Gedichte würden gute Laune entstehen lassen
Ist das wie ein Lichtstrahl, der das leere Blatt bescheint
Macht Lust, sich mit Wortmelodien zu befassen

Das tut gut
Macht Mut
Stellt Assoziationen nicht in Frage
Bringt Erinnerungen zutage

Kurz und gut, schafft eine Gedankenwelt
die nicht nur der Reimerin gefällt.

# TAGESSTIMMUNGEN

Still vor sich hin sinnieren

## Macht

Wenn das Schicksal wieder einmal einen seiner Ein-
   und Un-Fälle kreiert
und den Menschen dazu zwingt, sich einzugestehen:
Jeder gewinnt und verliert
In Gewinn und Verlust das zu sehen
was ein Leben lebenswert macht
liegt sozusagen nicht in unserer Macht.

## Seelen-Ruh

Warum es mir wichtig ist, meine Gedanken zu
    verdichten
weiß ich nicht
Vielleicht wehre ich mich
gegen die vielen hochgelobten Leidens-Geschichten

Ob Leid einen größeren Anteil als Freude hat in einem
    Menschenleben
ist nicht bewiesen – wir alle streben
nach Glückseligkeit
Fast alle Religionen halten ein seliges Himmelreich bereit

Auf Erden dieses Reich zu erschaffen trauen sich nur
    Wundergläubige zu
Die sterben nicht aus – angesehen sind sie nicht
Doch ein mutmachendes Gedicht
führt, wie ein Gebet, zu vorübergehender Seelen-Ruh.

## Im Himmelreich wohnen

Interessantere Geschichten als Biografien gibt es nicht
Das Schicksal denkt sie sich aus
Ist so auch die Evolution entstanden – ohne jede
    Voraussicht
Einfach nur wie ein Kartenhaus

Das zusammenbricht und neu entsteht
Was bedeutet Universum?
Unendlich? – in der Ewigkeit verweht
Wir Menschen nur ein kleiner Bestandteil im großen
    Rätsel der Lebensentstehung

Was war zuerst da – das Huhn oder das Ei
Bei der Frage nach dem Schöpfer gibt es immer mehr
    Antworten als nur drei
der monotheistischen Religionen
Wir Menschen wollen weiter leben, nach dem Tod wieder-
geboren werden oder in einem Himmelreich wohnen.

## Für eine Weile

Wer liest der schreibt
Wer schreibt vertreibt
sie manchmal – die quälenden Gedanken
kann sie in Gedichte oder Gebete verwandeln

Die von all den Sorgen und Freuden handeln
die das Leben mit sich bringt
und uns zwingt
Hilfsmaßnahmen zu ergreifen

Die Selbstbewussten pfeifen
auf Vorurteile
und setzen ihren Mut in die Tat um – für eine Weile.

## Freude an einem Gedicht

Lebensenergie in Bilder zu verwandeln
ist eine Kunst, die meine Freundin Tamara beherrscht –
    an der sie den Betrachter teilnehmen lässt
Farben und Formen handeln
von dieser Energie – sind wie ein Fest

In Zeiten von Not und Trauer
ist Widerstand hilfreich
Kein Seelenzustand ist von Dauer
Ein Himmelreich
gibt es nicht
Wohl aber kleine Wunder und Freude an einem Bild
    oder einem Gedicht.

## Traumverloren

So sind sie – die Stimmungen unter Pinien
Traumverloren – mit ihnen gelingt der Alltag
Komme was mag

Traum und Reim breiten Flügel aus
Ohne Ziel schweben sie über die *casita* – das kleine Haus
Bieten Schutz vor Gefahr
und verheißen gute und schlechte Zeiten – wie im
    vergangenen Jahr
Was – *ojalá** – noch eine kleine Weile anhält
Wie sie mir gefällt, die kleine Inselwelt.

*Span. hoffentlich

## Vertrauen

Wenn wieder einmal jemand mich wissen lässt:
Deine Gedichte machen Mut
ist das ein kleines Freudenfest
Tut absolut gut

Mut machen statt klagen
Wenn das gelingt
bin ich ein Glückskind
Und kann es wagen

dem Neuen Jahr gelassen entgegen zu schauen
Die Katzen umschnurren mich
Sie helfen zu vertrauen
Einfach ist es nicht.

## Ein langes Leben

Wenn mir wieder einmal eine simple Erkenntnis
"Alle wollen alt werden, doch keiner will alt sein"
in den Sinn kommt
zelebriere ich Glücks-Momente
Die führen in jeder Altersstufe zu der Einsicht:
Jeder Lebensabschnitt hat seinen Anfang und sein Ende

Die Schicksalsmächte zu akzeptieren
bedeutet: Ausprobieren
Auch Alt-Sein muss man trainieren
Die Lebens-Geschenke ohne Klagen zurückzugeben
ist Teil dieses Trainings und der Preis für ein langes Leben.

## Lebens-Philosophie

Von Büchern umgeben zu sein ist Luxus
Ist ein Leben im Überfluss

All die exotischen Lebensgeschichten
verführen zum Dichten

Biografien sind spannender als erfundene Geschichten
Das Leben erfindet sie
Evolution ist eine große Lebens-Philosophie.

## Nein

Was würden wir sagen
Würde uns ein Schöpfer-Gott vor der Geburt fragen:
Möchtet ihr auf meinem blauen Planeten
mit all seinen Wundern leben

Wer würde da NEIN sagen – ohne zu begreifen
Leben heißt auch leiden
Schließt jedoch Freude und Glück ein
Ein Wunder eben – und wer sagt schon zu Wundern NEIN.

## Segen

Fragen sich auch menschenähnliche Wesen auf einem
    anderen Planeten:
Sind wir die einzigen im Universum
Oder gibt es Abermillionen Leben
in anderen Formen und einem unbekannten Herrschertum

Leben sie friedlich
Schauen sie in die Sterne und denken sich:
Wir können nicht die Einzigen sein in diesem Meer
    aus Licht
Gibt es einen Schöpfer oder einen Urknall
Auf jeden Fall

gehört ein Anfang und ein Ende zu unserem Leben
Die Zwischenzeit heißt Lebenswunder, heißt Segen.

## Licht

Lesen und Schreiben macht noch keine Literatur
Nur
dann wird es auch für andere interessant
Wenn der Leser gespannt
feststellt: Diese Geschichten sind lesenswert
Wer sich gern beschwert
entdeckt Philosophien
die hilfreicher sind als demütig betend vor imaginären
    Gottheiten zu knien
Das Leben ist ein Wunder – wie und wann es entstand
    wissen wir nicht
Was wir wissen ist:
Es wurde Licht.

## Das Ziel

Leben zu können wie es einem gefällt
ist das größte Glück dieser Welt
Eine Form der Unabhängigkeit die
mit Hilfe von Schicksalsgunst dann existiert wenn wir sie
gefunden haben inmitten der Natur
mit der Einsicht: Das Leben ist nur
ein Wechselspiel
von Verstand und Gefühl
Keine Erwartung ist das Ziel.

## Behalten

Wenn ich auch weiter bei meiner Lieblingsbeschäftigung,
    zuversichtlich zu reimen bleibe
heißt das nicht, dass ich auch heimlich klage
Doch die Zeit, die mir bleibt vertreibe
ich lieber mit der Frage:

Was ist hilfreicher im Leben
Klagen oder reimen
Ich verrate es keinem
Doch wer liest und schreibt weiß: Jeden

Augenblick wollen wir lebenswert gestalten
Daher ergibt sich die Antwort: Die guten Erinnerungen
    und Träume will ich reimend im Gedächtnis behalten.

## Besiegen

Wer oder was immer das Leben erfunden hat
Es war ein Geniestreich
Jedes einzelne klitzekleine Lebewesen hat seine Aufgabe
    in seinem Königreich
Ist Ausgang und Entwicklung im Lebensprinzip

Der Mensch scheint zur Zeit der Oberbefehlshaber zu sein
Seine Selbstüberschätzung führt zu immer währenden
    Kriegen
Dann erfindet er eine neue Religion, eine Weltanschauung
und meint, damit seine Beschränktheit zu besiegen.

## Sinn-Sucherin

Manchmal kommt mir ein Wort in den Sinn
und bleibt einfach drin

Ich kann tun was ich will
Es verhält sich ganz still

Ich weiß schon
Es ist wie Musik – wie ein Ton

Dann breitet es seine Verwandlungs-Künste aus
und meint: Ich verlasse erst dann das Erinnerungs-Haus

Wenn aus mir Wortspiele entstanden sind die schon immer
      Freude machten
Im letzten Jahr hießen sie "Lebenslandschaften"

Sie gefallen einer neuen Mitspielerin
Sie ist ebenfalls eine Zufälle liebende Sinn-Sucherin.

## Lebensdrang

Gedanken und Ansichten wandern
Der Weg ist das Ziel
Er findet zu all den andern
Nebenzeilen und ganz viel

Überraschungen, die neugierig machen
Leben ist ein Wunder voller wundersamer Tatsachen
Wie ein Regenbogen, ein Sonnenuntergang
Wie Lebensdrang.

## Sonderfall

Es sind die Zufälle die daraus Einfälle machen
und neue Lebenswege eröffnen – sie zu begehen erfordert
    weitere Vorfälle
Nur wer sucht der findet und vermeidet Verfall
Überlebt im Ernstfall
Dank Glücksfall
nach dem folgenschweren Unfall von Adam und Evas
    Sündenfall
Vielleicht war es auch nur der Urknall
Und das Leben auf unserem Planeten ist kein Sonderfall.

## Auf Erden

Als Eremitin zu leben nenne ich Lebens-Gunst
Von den vielen Menschen in der Zeit der WG durfte ich
    mir die aussuchen
die mich interessierten – für die war die Kunst
Lebens-Begleiter – sie versuchten

mit ihrer Hilfe den Lebens-Sinn zu ergründen
Immer wieder neue Betrachtungsweisen zu finden
und das Ergebnis sicht- und ansehbar zu machen
Unabhängig von Tradition, Religion und anderen ...ionen
die Schuldgefühle entfachen

In der Holzhütte im Pinienwald
stört das keinen
Wenn kritische Beobachter meinen
das wäre egoistisch

sage ich listig: Noch bist du nicht alt
Solltest du es einmal werden
Wirst du – *ojalá* – eine dankbare Eremitin auf Erden.

## Konstruieren

Alles Schreiben ist autobiographisch
Nicht weil es so erlebt oder gefühlt ist
Die subjektive Wahrnehmung ist unabänderlich
innerhalb unseres Daseins – unserer Gnadenfrist

Schreiben intensiviert diese Frist – macht daraus
    Geschichten
Im Gegensatz zur Wirklichkeit können wir sie variieren
Wir lieben es, sie zu verdichten
Gelingt uns das, dürfen wir weiterhin Glücks-Szenarien
    dichtend oder malend konstruieren.

## Verzeihend

Lesen und Schreiben ist Sanftmut und Gier
Labsal und Lebenselixier

Je nachdem
Wem

verdanken wir diese Vorlieben
Ein Lebensgefühl wie Lieben

Das mit seiner Intensität unser Leben bestimmt
Uns die Lebensfurcht nimmt

Seelenbalsam
Ein Vulkan

Widersprüche vereinend
Verzeihend.

## Bekennen

Der *Sabina*\*-Baum vor der Terrassentür freut sich im
Wind
Seine Äste lassen Reime entstehen
Wir sind
das, was ihr Menschen durch Kunst mitteilt

Nur durch hinsehen könnt ihr uns verstehen
Und wenn ihr bei diesem Anblick verweilt
entsteht Kommunikation
Immer schon

Ihr müsst uns nicht GOTT nennen
Euch nur zu dem göttlichen Prinzip bekennen.

\*Span. für Phönizischen Wacholder (bot.)

## Einklang

Die Gegenwart
Ein Zustand, der auf Verlängerung harrt

Vor allem dann, wenn sie uns gefällt
Wenn die Welt

still zu ruhen scheint
Gegenwart und Wohlgefühl vereint

Kurz und gut
ihr Bestes tut

Gefühle in Einklang zu bringen
und nicht mit der Zukunftsangst zu ringen.

# Wiederkehr

Mit immer gleichen Fragestellungen suchen wir Menschen
    das Geheimnis Leben zu ergründen
In EINEM Leben werden wir keine Antwort finden

Vielleicht bei der Wiederkehr
Ist sie nicht mehr

als Teil einer Religion
die immer schon

in unseren Genen enthalten war
wie die Kenntnis der Flugroute, die Vögel fliegend
    schlafen lässt
während sie in ihr Winterquartier ziehen und im Frühjahr
zurückzukehren zu ihrem Geburts-Nest.

## Werden

Nicht jeder hat die Chance Worte als Mitspieler zu
    gewinnen
Sie wollen hofiert sein und spinnen
ein Fangnetz aus seidenen Fäden
Zunächst unsichtbar – in jedem
der Netze verfängt sich ein Wort
das genau dort
Nahrung bietet
Leid verhütet
das die Besonderheit des Netzes aufblitzen lässt
Und dem Betrachter zeigt: Jetzt
ist ein Freudenaugenblick da
Diejenigen, die ihn wahrnehmen sagen: Ja
So ist das Leben auf Erden
Eine einmalige Chance zu lieben und geliebt zu werden.

## Seelentröster

Wenn wieder einmal
ein kleines Wunder lockt
bin ich jedes Mal
annehmbereit – auch wenn das Ergebnis schockt

Illusionen sind meine Lebensverführer
Sie wechseln Formen und Gestalt
Später oder früher
ist das Ziel erreicht: Ich bin jetzt alt

Darüber zu berichten
fällt nicht leicht
Schließlich will ich keine Hoffnungen vernichten
Daher erfanden die monotheistischen Religionen das
    Himmelreich

So ein paradiesgläubiger Christ
Für den sein Glaube an Wunder lebenserhaltend ist
sieht in der Kirche schließlich einen Wundervernichter
Seelentröster werden dann die Dichter.

## Gleichmut

Umgeben in Buchform von all meinen geliebten Dichtern –
    Autoren
Mit Blick durch die Terrassentür in den Pinienwald
Fühle ich mich gleichzeitig geborgen und verloren
Ich bin jetzt alt

Der letzte Lebensabschnitt den ich intensiv erlebe
Mit Rückblick und ein wenig Glück ist er so wie heute:
    Wehmut
Gleichmut
Ruhiges Verweilen, das ich täglich anstrebe.

## Allein-Sein

Solange es einen Glaubens- und Hoffnungsschimmer gibt
gibt es auch einen Liebes-Schimmer
Er ist literarisch besonders beliebt
denn immer
will er mehr als ein Schimmer sein
Das macht Pein
Verzichtet der Liebende auf Pein
dann entscheidet er sich für das Allein-Sein.

## Reimlust

Seitdem ich beschlossen habe, nicht mehr zu reimen
packt mich große Reim-Lust
Die Lüste scheinen
sich nicht an Beschlüsse zu halten
Selbstbewusst
Äußern sie sich
ohne nach Gründen zu fragen
Und ich
folge ihnen und stelle Fragen
Kann es sein
dass gar kein
Grund vorliegt nicht mehr zu reimen?

## Unverwechselbar

Seltsamerweise denke ich niemals:
Einst wirst du keine Gedichte mehr schreiben wollen
Eher werde ich ihnen einen anderen Rhythmus geben
Sie werden sich nicht mehr reimen

Doch solange ich lebe schreibe ich
was mir in den Sinn kommt
wenn ich Papier und Stift in die Hand nehme
und das erste Wort auf dem Blatt steht

Es ist immer Teil meiner Lebensgeschichte
Unverwechselbar – wie ein Fingerabdruck
Dass dieser individuelle Ausdruck ein Leben lang bleibt
ist wie das Leben selbst – bis zum Ende ein Wunder.

# Zitat-Gedichte

## Zuversicht

Immer wieder sind kluge Zitate
wie ein Licht
Erhellen dunkle Stimmungspfade
Verstärken frohe Wahrnehmungen und führen zu mehr
   Zuversicht
nachdem man erkennt: "Erinnerungen verschönern
das Leben aber das Vergessen macht sie erträglich".*

*Eric Kandel, argentinischer Philosoph

81

## Zuhause-Attraktion

Wenn Montaigne mich wieder einmal erfreut
an einem kalten und regnerischen Januar-Morgen
Fühle ich mich in der *casita* absolut geborgen
So wie heut

"... arm dran ist, wer bei sich zu Hause nichts hat, wo
    er bei sich zu Hause ist. .."*

Mich erfreuen nicht nur Montaignes Zitate
sondern auch der Katzen-Schnurr-Gesang – wie eine
    Ballade
wie eine Komposition
Eine Zuhause-Attraktion.

*Michel de Montaigne

# Üben

Am Ende eines Tages drei Glücksmomente aufzuschreiben
ist ein guter Vorschlag von Martin Seligman[*]
Sie helfen, die Melancholie zu vertreiben
vor allem dann
wenn er verweilt – der Blick
auf das immer wiederkehrende Gedanken-Mosaik

Stille macht bescheiden – die seidenweiche Abendluft
ist mehr als ein Glücksmoment – hinzu kommt der Duft
all der Mandelblüten
Glücks-Streben lässt sich üben.

*Amerikanischer Psychotherapeut und Philosoph

## Ein Held

Kleists Widersprüche – wie sie mich in ihren Bann ziehen
Keiner konnte sie besser verdichten als er
Zeit seines kurzen Lebens konnte er ihnen nicht entfliehen
Nur das Dichten fiel ihm nicht schwer

"Ich dichte bloß weil ich es nicht lassen kann"
Seine Freunde liebten ihn und seinen Widerspruchs-geist
Einige seiner Kollegen sahen in ihm ein Genie
Doch meist

stieß er bei vielen auf Skepsis – er war nicht wie sie
Für alle die Widersprüchlichen dieser Welt
ist und bleibt er ein Held.

## Lebensweg

Um aus dem negativen Gedankenkreislauf auszubrechen
hilft nur Meditation oder Schreiben
Manchmal – was nicht ratsam ist – Essen
Auf keinen Fall Rückfall in alte Gewohnheiten

Wie Selbstvorwürfe – verbunden mit Melancholie
Die
führen zwar zu traurigen Geschichten
Nicht aber zu romantischen

Wie die "Aus dem Leben eines Taugenichts"*
Dabei sind es doch diejenigen, die mir immer
wieder gefallen
Lebenshilfe-Fallen
Reichlich vorhanden in der *casita*-Bibliothek
Auf dem langen Lebensweg.

*Joseph von Eichendorf

## Sinn-Sucherin

Lernen ist Lebensfreude und verschafft
Vergnügen – wenn es auch im Alter noch Mut macht
"Das ganze Leben lang muss man lernen zu leben"*
Wir müssen nicht, aber es hilft bei der Suche nach dem
    Sinn
meint auch eine alte Sinn-Sucherin.

*Seneca

## Im Einklang sein

Keine Erwartungen zu haben mag eine gute Lebens-
   philosophie sein
Ob sie erstrebenswerter ist als mit den eigenen Erwartungen
   im Einklang zu sein
Muss ein jeder selbst entscheiden
Lebensfreude und Lebenslust gehören nicht zu den
   bevorzugten Themen in der Philosophie
Wie gut dass es Martin Seligman gibt:
"Wenn wir uns dafür Zeit nehmen die Dinge wahr-
zunehmen, die glücken, dann bedeutet das, dass wir
während des Tages viele kleine Belohnungen erhalten".

## Wunder der Natur

Stille zu genießen erfordert Erfahrung
Schicksalsschläge eignen sich zu dieser Meinung

Im voraus davon zu wissen ist nur theoretisch
In der Praxis zählt die hoffentlich zunehmende Selbst-
erkenntnis

Und das Wunder der Natur
"In der Natur fühlen wir uns so wohl weil sie kein
Urteil über uns fällt"*

* Friedrich Nietzsche

## Ziel

Die Beschäftigung mit Dankbarkeit tut gut
Erinnerungen an Lebenssituationen
die sich lohnen
einen Platz im Gedächtnis zu haben, macht Mut

Optimisten leben länger, sagt Martin Seligman
und schreibt viele kluge Bücher über seine Theorien
Jeder kann
einen Weg finden, den Lebenskrisen zu entfliehen

Mitten in der Natur zu leben
scheint die Suche einfacher zu machen
Neben
all den kleinen Wundern entfachen
Tiere ein Lebensgefühl
das dankbar macht ohne Sehnsucht nach dem Ziel.

## Empfinden

Mit dem Stift in der Hand den Tag zu beginnen
ist immer wieder ein Geschenk – ein Neuanfang
Vor allem dann
wenn Erinnerungen an Traum-Erlebnisse fast dazu zwingen

aufgeschrieben zu werden – sie verstärken den Drang
dem Tag hoffnungsfroh entgegen zu blicken
wenn sorgenvolle Gedanken lauern
und mit einem alten Freund trauern
der seine Lebensgefährtin verloren hat

Nur wir selbst finden einen Weg mit Mut und Tat
den Lebens-Sinn zu ergründen
und immer wieder Freude für das Weiterleben zu
    empfinden
"Jeder gute Gedanke, den du denkst, trägt seinen
Teil dazu bei wie dein Leben am Ende aussieht."*

*Grenville Kleiser

## Verpassen

Ohne Kunst das Leben zu meistern ist nicht erstrebens-
 wert
Jeder hat ein Talent
Es wahrzunehmen bedeutet herauszufinden: welche
 Tätigkeit ist es wert
Kunst genannt zu werden, zu der man sich bekennt

Die Gelassenheit schafft
Sich über sich selbst mehr oder weniger lustig macht

In der Lage ist, sich wie ein Kind die Zeit zu vertreiben
Dazu gehört schreiben

"Schreiben ist leicht, man muss nur die falschen Wörter
weglassen"*

*Mark Twain

# Mein Freund, der Über-Tausend-Jährige

## Nicht allein

Bei dem Über-Tausend-Jährigen zu sitzen bedeutet
    Einklang
Er schaut – wie ich finde – wohlwollend auf mich
Leises Blätterrauschen und Vogelgesang
verführen zu einem Gemisch
von Melancholie und Gelassenheit
weit weg von all der Grausamkeit

der beiden Kriege und dem Leid
Deine Gegenwart tut gut
Spendet Mut

Bei dir möchte ich einmal begraben sein
In deinen Schatten fühle ich mich geborgen – nicht allein.

## Abgeschiedenheit

Mein ukrainischer Helfer baut eine Holzhütte
Noch eine – für wen?
Nur wenige Schritte
entfernt vom Über-Tausend-Jährigen – den

stört das nicht, er schaut wieder ins Licht
seitdem es die wilden Triebe nicht mehr gibt
Kein übler Platz für den, der Abgeschiedenheit liebt

## Pur

Sich für diesen Lebensweg entschieden zu haben
    wirft immer wieder die Frage auf
Gäbe es einen anderen Verlauf
Mit Gedanken und Aktionen
die sich eher lohnen
zu erkennen: Das ist es, was die Welt
im innersten zusammenhält

Es ist die Liebe – am Ende eines langen Lebens – die
    zur Natur
Und so frage ich wieder einmal den Über-Tausend-
    Jährigen: Was gefällt dir an deinem Hier-Sein
Seine Antwort: Das Dasein – in allen Lebensstadien – pur.

## Ein Mysterium

Den Über-Tausend-Jährigen zu besuchen ist immer ein
    Erlebnis
Eine Pinie war auf ihn herabgefallen
Er ertrug es mit Fassung – nur ein kleines Ärgernis
"Um-Fälle" passieren in Intervallen

Mein hilfreicher Ukrainer hat ihn von wilden Trieben
    befreit
Schön sieht er wieder aus
in seiner knorrigen Behäbigkeit
Immer noch gibt es diesen Eingang in das unterirdische
    Haus

Seine Mitbewohner führen ihr unsichtbares Eigenleben
Der Alte liebt das – ihm gefällt es, wenn wir miteinander
    reden
Es ist eher eine Gedankenverbindung
Eine spezielle Wahrnehmung – ein Mysterium.

# MEIN FREUND, DER ÜBER-TAUSEND-JÄHRIGE

# Zusammenleben mit den Tieren

## Zusammenleben mit den Tieren

Zwei unterschiedliche Lebensweisen auszuprobieren
ist ganz und gar nicht mutig
Nach dem Leben zu zweit ist das Leben mit den Tieren
Spätes Glück

Ihre Sprache teilweise zu verstehen
heißt Zuversicht
Mit ihnen die Welt tieräugig zu sehen
bedeutet Blick ins Licht

Überlebens-Strategie
Und nie
den Glauben an die Lebenswunder (ganz) zu verlieren
So ist es: Das Zusammenleben mit den Tieren.

## Trost

Wer eine Vorliebe hat für Geschichten
liebt es auch, sie zu verdichten

Gedichte bleiben leichter im Gedächtnis
Sind eher ein Stimmungs-Vermächtnis

Verdichtetes Gefühl ist stärker als Verstand
Musik-verwandt

Die meisten Kinder lieben es zu reimen – zu dichten
Es ist ein Spiel – frei von Pflichten

Die schönsten Gedichte handeln von der Freundschaft
    von Menschen und Tieren
Sie lassen uns immer Trost spüren.

## Toleranz

Mit den Ameisen teile ich mir den ersten saftigen Pfirsich
Sie haben vor mir entdeckt, dass er reif, süß und
    wohlschmeckend ist
Der größere Anteil ist für mich
Ameisen-List kenne ich schon

Mit der eigenen versuche ich sie in der *casita* von
ihrem Weg abzubringen
Doch der Ameisen-Verständigungs-Ton
hat bereits gewarnt – nur auf Umwegen wird es gelingen
Hindernisse zu bezwingen

Den Pfirsich verspeisen wir in gegenseitiger Akzeptanz
Ein Pfirsich als Symbol von Toleranz.

## Die Biber

Von all den wild-lebenden Tieren mag ich eines lieber
den Biber
Er ist ein fantastischer Landschafts-Architekt
in der er für seine Familie die schönsten Burgen baut
    und versteckt

Den kältesten Winter
verbringen die Biber-Kinder

warm und geschützt
in der Biber-Burg, die nur auf dem Wasserweg erreichbar ist

Außer Menschen hatten sie keine Feinde, die ihnen nach
    dem Leben trachteten
ihre Felle begehrten und ihre Baukunst verachteten

Nun gibt es sie – *ojalá* – wieder
Die Biber.

## In der Früh

Die kleinen Alltagsfreuden sind immer wieder einen
    Reim wert
Einen dicken schwarzen Käfer vor dem Ertrinken zu retten
    ist ein schöner Tagesbeginn
Wie er davon eilte – sichtbar unversehrt
Die damit verbundenen frohen Gedanken machen Sinn

und verscheuchen die Morgen-Melancholie
Alle meine Tiere helfen dabei – auch die Winzlinge
Seitdem ich in einer Holzhütte mitten im Pinienwald lebe
    sind es die kleinen Dinge
die erfreuen – vor allem in der Früh.

## Rückzugsplatz

Mit sich selbst im Reinen zu sein
ist ein beneidenswerter Zustand
Verstärkt durch ein Kämmerlein ganz für sich allein
Mitbewohner sind Katzen und Geckos an der Wand

Die sich oft wunderbar verstecken
Hinter all den Büchern in verborgenen Ecken

Ein idealer Rückzugsplatz
für eine Leseratte und Kleingetier und Katz

Selbst ans Meer zu fahren vergesse ich manchmal
Dann machen wir einen kleinen Ausflug zu dem
    Über-Tausend-Jährigen im Tal.

## Selbstherrlich

Der ersehnte Herbst ist da
Die dicke weißgetupfte Spinne hängt ihr kunstvolles
    Netz auf
Nachdem ich es zwei Mal durchtrennte, weil ich es
    übersah
Änderte sie geringfügig die Netz-Höhe und nahm eine
    Neuaufhängung in Kauf


Natürlich können Tiere denken – Instinkt nennen wir
    ihre Gedanken überheblich
Hätten wir mehr davon, wären wir vielleicht weniger
    selbstherrlich.

## Von fern

Ein kleines Menu für die Katzen und mich zuzubereiten
ist ein Vergnügen – Fisch ist immer begehrt
Und wird zu allen Zeiten
— besonders die Reste vom Seeteufel – genüsslich verzehrt

So eine Katz liebt Menschen-Futter
Spezielles Katzenfutter ist wie ein Frühstücksbrot ohne
    Butter
Schon der Kochduft lockt von fern
Fast alle Reste verspeist Katz gern.

## Abenteuerlich

Die Außenküche hat jetzt eine Tür
Es wurde aber auch Zeit
Dicke Staubschichten lagen auf Töpfen und Geschirr
Spuren von vierbeinigen Mitessern weit und breit

Opa Gecko braucht keine Tür um zwischen all den
    Früchten herumzuspazieren
Seinen Enkeln hat er die geheimen Wege gezeigt
Mit Katzen und Mäusen können alle kommunizieren
Dass es seit der Schlangenplage keine Eidechsen mehr
    gibt, tut allen leid

Die lassen sich nicht täuschen von dem Echsentrick
    um zu entkommen ihren Schwanz anzubieten
Nicht nur die Menschen haben sie aus dem Paradies
    vertrieben
Erzählt man sich
Wer wen vertreibt bleibt zu allen Zeiten unvorhersehbar
    und buchstäblich
wie die Geschichte bewiesen hat, höchst abenteuerlich.

## Ein sorgenfreies Leben

So ein kleines Wunderwesen wie eine Katz
sucht sich die Menschen aus – nicht umgekehrt
Sie findet immer ihren Platz
und lässt uns wissen: wir sind freie Wesen
Wer uns diese Freiheit verwehrt
ist nicht begehrt
Es sei denn, er bietet uns ein sorgenfreies Leben und
    ein feines Essen
und ganz viel Zuneigung
Dafür bleiben wir gegebenenfalls auch in einer
    Stadtwohnung.

## Gut leiden

Wenn wieder einmal Koch-Duft die Außenküche
    durchweht
Muss ich nicht lange warten
Opa Gecko geht
behutsam das Gewürzbord entlang – er weiß, die Familien-
    Mitglieder erwarten
Leckerbissen auf Tellern und in Pfannen
Opa zeigt, wie man es schafft
Geschickt dahin zu gelangen
Erfahrung macht
mutig – Katzenbegegnungen muss man vermeiden
Das große zweibeinige Wesen kann Geckos gut leiden.

## Man toleriert sich

Manx ist eher schnurr-karg
Während Rojo und Puschi lauthals schnurren
brummelt er leise und mag
am liebsten verhalten knurren

Das passt gut zu seinem runden Gesicht
Seinem Übergewicht

Hin und wieder darf er bei Rojo in dessen rundem Bett
    schlafen
Er muss ihn allerdings vorher fragen

Eine enge Freundschaft ist es nicht
Man toleriert sich.

## Es war einmal

In der Bücherhöhle ist es warm und gemütlich
leider auch staubig

Die Katzen und mich
stört das nicht

Hinter Mascha Kaleko ist zur Zeit Puschis Lieblingsplatz
Ein gutes Versteck – nicht nur für die Katz

Von Zeit zu Zeit besuchen wir den Über-Tausend-Jährigen
    im Tal
Unser Sonnenplatz im Winter, an dem sie sich so wunder-
    voll erzählen lassen
die Geschichten: Es war einmal ...

# Frieden und Krieg

## Maßlosigkeit

Nicht nur ein Zimmer
sondern ein kleines Holzhaus für sich allein zu haben
ist ein Schicksals-Geschenk – immer
werde ich dankbar sein und alle größeren und kleineren
    Tiere einladen

Das Vertraut-Sein mit der Einfachheit
Ein Tagesvergnügen
Weit und breit herrscht Einigkeit
Ich sperre sie aus – die Nachrichten von zwei Kriegen

Dem Über-Tausend-Jährigen berichte ich vom Leid der
    Menschen in den Kriegsgebieten
Putin und Konsorten gewähre ich keinen Gedanken-
    einlass in meine Geschichte
Kriegsverbrechen zu berichten ist Aufgabe der Historien-
    Geschichte

Meine begrenzte Hilfe für Betroffene ist nicht erwähnens-
    wert
Mein wunderbarer ukrainischer Helfer ist auf der Insel in
    Sicherheit

Wenn seine liebenswerte Menschlichkeit Teil der
ukrainischen Mentalität ist, hat Putin keine Chance –
der symbolisiert nur Machtgelüste und Maßlosigkeit.

## Es werde

Romantisch zu sein ist heutzutage kein Lob
Eher eine nachsichtige Einstellung
Ja, sieht sie denn nicht, wie der Krieg in Europa wieder
    tobt
Sie sieht es, doch das Lebensprinzip Hoffnung

ist Teil der Romantik
Vor allem im Hinblick
auf die Wunder unserer Erde:
Die Natur – eine einzige Aufforderung: Es werde.

## Frieden

Das Glück der Geschichte auf seiner Seite zu haben
    ist ein besonderes Privileg
Wenn in Europa fast ein Leben lang ohne Krieg vergeht

Ohne die Gefahr von kriegswütigen Mächten überfallen
    zu werden
ist das einmalig auf Erden

Wird er als längster Zeitraum in die Geschichte eingehen?
Hatten die Menschen – fast – eingesehen
dass es möglich ist, in Frieden miteinander zu leben
Doch die Hitlers und Putins dieser Welt wird es immer
    geben.

## Mörderische Kriege

Junge Iranerinnen riskieren täglich Gefängnis
Nur weil sie kein Kopftuch tragen
Wie ist es möglich
dass alte Diktatoren die Macht haben

zu bestimmen, wie sich junge Frauen zu kleiden haben
Einer, der seit vierunddreißig Jahren regiert, hat das Sagen
und setzt es durch mit Gewalt
Doch er ist alt

Neben Nord-Korea unterstützt er seinen Diktator-Freund
    Putin
Jedoch auch ihn
wird in nicht so ferner Zeit ein Frauenzimmer ersetzen
die ihre Söhne nicht mehr in mörderische Kriege hetzen.

## Krieg oder Frieden

Trotz Melancholie
Lust auf einen Reim
Ein Zeichen dafür, dass Lebens-Energie
stärker ist als Seelen-Pein

Hinzu kommt Krieg in Europa
Putin zelebriert seine Paranoia
Doch so ein unseliger Diktator hat nur dann Erfolg
wenn auch sein eigenes Volk
nichts unternimmt gegen seinen Größenwahn
Gegen einen Lügner und Scharlatan

Vielleicht gelingt ihm ja was ihm am wenigsten gefällt:
Dass Europa in schwierigen Zeiten zusammenhält
Die Zukunft wird zeigen, was Menschen mehr lieben:
Krieg oder Frieden.

## Verlieren

In Polen hat Biden Putin einen Kriegsverbrecher genannt
Das Wort "Schlächter" hätte er sich sparen können
War eher die Ausdrucksform von Trump
Seinen Krieg "Entnazifizierung" zu nennen
sagt alles über einen machtbesessenen Diktator
der nicht mehr in der Lage ist, seinen Größenwahn
    zu kontrollieren
Doch in der Menschheitsgeschichte kommt es vor
dass auch Diktatoren im Krieg ihr Leben verlieren.

## Entputinisieren

Offenbar macht Putin seine "Entnazifisierung" der Ukraine
    nicht nur Freude
Bei seiner Propaganda-Rede heute
schwenkten seine Anhänger zwar heftig Fahnen
Doch auch die ahnen

Es wird viele Tote geben – ein Blitzkrieg wird das nicht
Bilder von zerbombten Städten und von Millionen
    Flüchtlingen gehen um die Welt
Ein grausamer Kriegs-Bericht
Ein Diktator, der in sein Nachbarland einfällt

ist ein Kriegsverbrecher, sein Volk wird realisieren
Nur eines hilft, den Krieg zu beenden: Das Land zu
    entputinisieren
An einem meterlangen Verhandlungstisch sitzt sichtbar
    einer der Angst hat
Nicht nur vor Corona – vor einem Attentat

Denn aus der Geschichte weiß er:
Ein Alleinherrscher, der sich fürchtet, endet wie Hitler.

## Ein jeder

In der Schreibecke sinniere ich still vor mich hin
Ein Luxus von dem Menschen in der Ukraine nur träumen
    können
Der sechsundzwanzigste Tag seit Kriegsbeginn
Und nicht nur Putin-Hasser nennen
ihn einen Kriegs-Verbrecher, der in ein friedliches
    Nachbarland einfällt: um es zu "entnazifizieren"
– wäre es nicht so tragisch, würde man das lächerlich
    nennen –

Nur sein eigenes Volk kann sein Land entputinisieren
Und wird es tun, früher oder später
Kriegsverbrecher sterben selten in Frieden – das weiß ein
    jeder.

## Weder Herz noch Verstand

Mit Hilfe von zuversichtlichen Gedanken den Tag zu
    beginnen
gelingt nur, ohne Nachrichten zu hören oder zu sehen
Eine meiner liebsten Freundinnen
Irmelishka, hilft ukrainischen Kindern durch Malen die
    neue Welt zu verstehen

Millionen Menschen haben inzwischen ihr Land verlassen
Ihr Zuhause ist teilweise ein Trümmerfeld
Ein Großteil der Menschen auf der ganzen Welt
können es nicht fassen
dass ein einziger Machtbesessener die Welt in Atem hält

Wie lange es ihm noch gelingt, sein Volk zu
belügen, weiß niemand
Das Wort Krieg kommt nicht über seine Lippen, doch
    früher oder später werden auch in Russland
die Menschen erkennen: Dieser Putin hat weder Herz
    noch Verstand.

## In Todesangst

Ungewöhnlich die lange Zeit der Regentage
Er fehlt – der Inselsonnenschein
Bei Regen sind selbst kleine Rundgänge eine Plage
Folglich igeln wir – die Katzen und ich – uns ein

Das könnte ein Vergnügen sein
– ohne Kriegsberichte
Zerbombte Städte, Millionen von Flüchtlingen – eine
    Tragödie
Wieder einmal schreibt ein Größenwahnsinniger
    Welt-Geschichte

Zerstört ein ganzes Land
und faselt in seinen Propagandareden ohne Sinn und
    Verstand
von "Entmilitarisieren", von einer Friedens-Mission
Zur Zeit scheint nichts und Niemand ihn stoppen zu können

Doch bald schon
wird die Welt seine Gräueltaten beim Namen nennen
Herr Putin wird erfahren was es heißt in Todesangst
    um sein Leben zu rennen.

## Lebensend

Kriegsreime zu schreiben gelingt mir nicht
Wenn die Ukraine sich erfolgreich gewehrt haben wird
    zücke ich wieder den Stift
Bis dahin ziehe ich mich mit den Katzen in meine sichere
    Holzhütte zurück
Das Glück

der späten Jahre
die wahre
Gelassenheit ist ein Traumziel
Denen die an späte Weisheit glauben, kann ich verraten,
    es gibt noch viel
zu tun – Klagen ist nicht nur kräfteraubend
sich regen bringt Segen – lebensbejahend.

## Wundergläubig

Altkanzler Schröder besuchte gestern Putin
Nachrichten zu diesem Freundschaftsbesuch gibt es
    noch nicht
Sollte er zu einem Waffenstillstand führen wäre es
    immerhin
ein Beweis dafür: Freundschaft bedeutet auch Pflicht
unterschiedliche Weltanschauungen nicht nur akzeptieren
Sie könnten zu großen Verständigungen führen
Und helfen, einen Krieg zu beenden

Das wäre fantastisch, wenn zwei Machos einen Friedens-
    Weg fänden
Eine Freundin hält mich für wundergläubig
Das möchte ich bleiben solange es immer wieder Friede
    auf Erden gibt.

## Umnachtet

Auch kurz vor Ostern ist es noch kühl und sonnenlos
Die Touris stört das nicht
Sie wollen endlich wieder einmal Urlaub machen –
    maskenlos
freuen sie sich
Statt Pandemie-Berichte gibt es jetzt die vom Krieg
Und von Putins ausbleibendem "Spezial-Operations-Sieg"

Wer öffentlich das Wort Krieg benutzt wird verhaftet
Wo seine Friedens-Truppen abziehen finden sich
    Massengräber
Als Psychiatrie-Patient wäre bei ihm die Diagnose: geistig
    umnachtet
Gibt es in Russland keine verzweifelt Trauernden um
    ihre gefallenen Söhne und Väter?

## Pflicht

Mehr Kriegs-Reime zu schreiben gelingt mir nicht
Auf Krieg reimt sich nur Sieg
Und der ist in der Ukraine nicht in Sicht
Wenn die Kriegsgegner sich erfolgreich gewehrt haben
    zücke ich wieder den Stift

Bis dahin ziehe ich mich – träume-aufschreiend – in
    meine Holz-*casita* zurück
Das Glück
der späten Jahre
Die wahre

Gelassenheit ist ein Traum-Ziel
Denen, die an Altersweisheit glauben, kann ich verraten:
    es gibt sie nicht
Dafür aber ganz viel
zu tun – mit Freude und weniger Pflicht.

## Lebenslang

Mit Gottes Hilfe werden wir den Krieg gewinnen
meinte heute der ukrainische Präsident Selenskyj
Nicht mit Gottes Hilfe sondern mit dem Glauben an sie
sind Übermächte zu bezwingen

Niemand weiß wie dieser Krieg enden wird
Nur eines lässt sich prophezeien:
Wenn ein russischer Diktator mit seinen "Friedens-Truppen"
    ein Land zerstört
bedeutet das nicht Sieg – nur Verzeihen

Versöhnt die Menschen wieder
Putin wird in Vergessenheit geraten
Aus friedlichen Ukrainern wurden zeitweise todesmutige
    Krieger
Die Putins sind in der Weltgeschichte nur Despoten,
    die einsam starben.

## Ganz allein

Ein morgendlicher Mutmach-Reim tut gut
Es muss ja nicht immer ein friedlicher sein
Manchmal hilft auch einer voller Wut
wenn so ein

Diktator lügt sobald er den Mund aufmacht
und es schafft
ganz Europa in Angst und Schrecken zu versetzen
seine jungen Soldaten in einen Angriffs-Krieg zu hetzen

Auch Kriegsverbrecher sind – *gracias a Dios* – sterblich
Selten enden sie friedlich
Einst wird auch er "entnazifiziert"
Wenn er unter Todesangst sein Leben verliert

Ein größenwahnsinniges kleines Männlein, das ganz
    allein stirbt.

# Von den Frauenzimmern

## Für immer

Als man Frauenzimmer im Mittelalter noch Hexen nannte
war ihr Leben in Gefahr
Wer immer ein selbstbewusstes Frauenzimmer kannte
denunzierte es und für die katholische Kirche war klar

Eine Hexe – Eine die nicht an die männliche Allmacht
    glaubt
Es sollte noch ein paar Jahrhunderte dauern bis diese
    Hexen mitregieren durften
und nicht nur hinter Kinderwägen oder in Kleidersäcken
    herumschlurften
Auch heute noch schaut
nicht nur so ein Gotteskrieger angstvoll auf dieses
    Frauenzimmer
das ihm früher oder später seine Allmacht raubt
Für immer.

## Nicht verzichten

Wie ich sie liebe – diese frechen Frauenzimmer
Auf der Insel sind sie daheim
Wenn wir uns treffen leuchtet immer ein Schimmer
von Zufriedenheit mit sich allein zu sein

Mit Lebenskunst und der damit verbundenen Aktivität
Einen Stand auf dem Las-Dalias-Markt
sichert den Lebensunterhalt und lädt
ein zum Diskutieren
Philosophieren und Ausprobieren

Wir schwatzen und lachen
malen und dichten
und betrachten
die Welt aus Insel-Sicht – auf kleine Wunder wollen wir
   nicht verzichten.

## Bis in den Tod

Von Frauenzimmern zu berichten ist immer ein Vergnügen
Auch wenn drei meiner liebsten schon gestorben sind
Ich bin in Kontakt mit ihnen
Wir verloren uns nie aus den Augen

Ein Leben lang
ist Freundschaft wie Musik – wie Gesang
Im Gegensatz zum lieben Gott ist sie da in der Not
Bis in den Tod.

## Verdrießlich

Ein Frauenzimmer ist bei weitem
im allgemeinen nicht zu beneiden

Zu tun und lassen was es muss
ist oft beschwerlich und bringt Verdruss

Da hilft nur eins: Zusammenschluss
mit anderen eigenwilligen Weibern
die ebenfalls hin und wieder scheitern

Jedoch - und das ist höchst ersprießlich
Sie sind meist nur vorübergehend verdrießlich.

## Bestandteil

Ein Frauenzimmer, nicht mutig, aber auch nicht feige
tut keinem Tier etwas zuleide

Die Menschen interessieren sie nicht mehr so richtig
Im Gegensatz zu Tieren nehmen sie sich zu wichtig

Sie glauben, die Krone der Schöpfung zu sein
Leben ihren Größenwahn
Und meinen, sie allein
hätten das Recht, Tiere aus Geldgier zu vernichten

Sie können nicht auf Kriege verzichten
Doch keiner kann in Frieden sterben, der nicht erkannt hat:
ich bin nur ein winziger Bestandteil der Natur.

## Mit Vertrauen

So ein Frauenzimmer das schreibt
fragt sich manchmal warum
Ist es Therapie, ein Spiel, Teil der Erinnerung
die im Gedächtnis bleibt
Die Gunst
zu schreiben ohne damit Geld verdienen zu müssen
bedeutet Reichtum
Eine Form der Unabhängigkeit, des Dahin-Gleitens auf
    unbekannten Flüssen
Mit Neugierde auf das Festland schauen
Mit Vertrauen.

## Amen

Und als die Unterwerfung zu Ende war
wurde es allen Frauenzimmern klar
Nicht nur das Haar
sollte unsichtbar sein
Die ganze sackumhüllte Person stellte die Einstellung dar:
Ich, der Taliban
nicht nur in Afghanistan
beschließe und verkünde: Mein, mein, mein…
Denn mein ist die Macht über die Weiblichkeit
in Ewigkeit
AMEN.

# Von der Reimfreude

# Ein Spiel

Reimen hilft bei Melancholie
Der Rhythmus lässt Wohlbefinden entstehen
Wie eine Melodie
Verbunden mit Konzentration lässt er Unlust vergehen

Hat wie Malen und Musizieren die Kraft
die bei allen Wiederholungen mit Phantasie neue
    Variationen schafft

Immer wieder von Ringelnatz inspiriert
Ein Spiel, das zu Daseinsakzeptanz verführt.

## Ergeben

Nicht immer helfen Reime die Lustlosigkeit zu vertreiben
Doch einen Versuch gönne ich mir
Und siehe da – schreiben hilft zu allen Zeiten
Wird fast zur Gier

Ist auf jeden Fall ein Ablenkungsmanöver
Wendet sich Lieblings-Ideen zu
Ist eher
Ein Katalysator und manchmal im Nu

Ein Lustlosigkeits-Vertreiber
Angst und Alpträume verlieren ihre Macht
So ein Stift führt einfach nur weiter
Zieht Unsinn und Träume in Betracht

Und möchte nur in den Tag hineinleben
Sich dem Schreiben ergeben.

## Die Lust zu reimen

Die nächtlichen Plagegeister machen sich auf den
    Heimweg
Nur im Schutz der absoluten Dunkelheit treiben sie ihr
    Unwesen
Umgarnen die Träumende, die sich gerade wohl fühlt auf
    dem kleinen Steg
der Brücke zwischen Phantasie und Wirklichkeit – wie
    schreiben oder lesen

Doch manchmal schließen sie einen Pakt mit den
    friedlichen Traumgeistern und lassen den neuen
    Tag in einem Inselsonnenlicht erscheinen
das glücklich macht und sie zelebriert, die Lust zu
    träumen – zu reimen.

## Frohsinn wagen

Herbeirufen lassen sie sich nicht – die Reim-Geister
Sie sind wie Katzen – man kann sie zwar locken
Sie lieben es, in kalten Nächten in der warmen Stube zu
    hocken
Dann genieße ich unser Zusammensein und weiß,
    sie kehren immer wieder zurück – manchmal sind
    sie Sprach-Meister

Oder Spielgefährten
Lieben Gleichklang und Assoziationen
und belohnen
diejenigen auf Erden

die sich nicht nur beklagen
sondern reimend Frohsinn wagen.

## Erschrecken

Die Reimgeister schenken mir aus Gründen, die ich
    nicht kenne, ihre Sympathie
Vor allem dann
wenn Prosa mich nur wenig erfreuen kann
verlasse ich mich auf sie

In der Nacht
schließen sie einen Pakt
mit ihren Prosa-Kollegen
Die haben zwar ebenfalls gute Ideen, halten aber wenig
    von Komik und erregen

oft Ärgernis
Fürchten sie sich vor der Finsternis?
Erzählen Horrorgeschichten
und verstehen nichts vom Dichten

Dafür lieben sie Geheimnisse
Haben gewisse Charakter-Kenntnisse
die sie gekonnt in surrealistischen Geschichten verstecken
die erschrecken

Mit anderen Worten, ihr Reim-Geister
seid mir lieber – seid Sprach-Meister
Helfer in der Not
Ich hoffe, bis zum Tod.

## Erfolgs Macht

Wenn der Klang, nicht der Sinn maßgebend ist, ist Reimen
    ein Spiel
Es beginnt wie alle Spiele mit der Phantasie
und ganz viel
Lust am Ausprobieren

Die
führt nicht zu Regeln oder Gewinnen
Sie ist das, was Kinder Zeitvertreib nennen
Keine Pflichten, sich nicht auf wichtige Aufgaben besinnen
Sich einfach nur ziellos dazu bekennen:

Ich mach genau das, was mir in diesem Moment Freude
    macht
ohne die im späteren Erwachsenenleben so wichtige
    Erfolgs-Macht.

## Beherrschen

Oft kommt erst beim Essen der Appetit auf
So verhält es sich auch mit dem Reimen
Einmal begonnen nimmt es mit Genuss seinen Lauf
Zweck verfolgt es keinen

Ist eher Wiederholungszwang
Hat Lust auf Assoziationen
Die machen oft wenig Sinn – lieben Müßiggang
Und nicht die Frage: Wird es sich lohnen

Daher entsteht sie meist in der Kindheit
Ausgelöst durch Märchen
Auch die fragen nicht nach Raum und Zeit
Sie wollen nur entstehen und die Aufmerksamkeit
    beherrschen.

## Kinderleicht

Ein Entwurf ist nur ein Wurf der das End noch nicht kennt
Viele dieser unvorhersehbaren Enden
fliegen in Würfen
und dürfen
sogar ihre Richtung ändern
Stimmungs-Wirbel lassen ein neues Ziel entstehen
verlangsamt – drehen
sich im Kreis
bis so ein Entwurf weiß:
Jetzt habe ich mein End-Ziel erreicht
Manchmal ist abwarten kinderleicht.

## Ein Gebet

Manchmal schreibt der Stift ohne nachzudenken
Das sind mir die liebsten Reime
Sie sind wie Geschenke
Erwartungen – keine

Nur ein Schauen in die Zweige des *Sabina*-Baums
die sich sanft bewegen
Ein Nachbeben
des schon fast vergessenen Traums

Und immer wieder diese Dankbarkeit
Sie ist wie ein Gebet – in der Zeit die noch bleibt.

## Vermächtnis

Spielen heißt immer auch Gewinnen wollen
Doch Gewinn ist nicht das Ziel
Es sind die Rollen
die wir uns aussuchen – mit mehr oder weniger viel Gefühl

üben wir sie
Verlassen uns auf unser Gedächtnis
Doch das ist leider kein
zuverlässiges Vermächtnis.

## Leid

Manchmal hinterlässt die morgendliche Reim-Sucht
    keinen sichtbaren Ausdruck – keine Spur
Ein Entwurf ist auch nicht zu sehen
Sie hinterläßt nur
wie Sucht, die Lust entstehen
immer wieder Sucht-Handlungen zu begehen
Damit verlängert sie Abhängigkeit
Nicht immer bedeutet Abhängigkeit auch Leid.

## Con ánima

Wenn ein Gedicht nicht gut klingt ist es nicht richtig
Rhythmus und Klang ist Teil des Ganzen
Erhöht die Chancen
im Gedächtnis zu bleiben

Ein Reim der zu Herzen geht
der hilft, unliebsame Gedanken zu vertreiben
ist wie ein Mantra
Ein Kompass – *con ánima**.

*Span. mit Seele

## Mit sich selbst allein

Geduld zu lernen ist ein großes Unterfangen
Verdichten hilft dabei
Die Reimgeister verachten Eile – sie verlangen
Zuversicht – sie sind frei von dem Gedanken: Lohnt es sich
mit Worten nur zu spielen – träumerisch

Es lohnt sich immer
mit diesem Schimmer
von Spiel
ohne Ziel, doch mit dem Gefühl:

Was könnte schöner sein
als geduldig darauf zu warten zufrieden zu sein
mit sich allein.

## Reim-Wille

Wenn mich am Abend die Lust packt, Stimmungen
    aufzuschreiben
wird es ein Gedicht
Gedichte vertreiben
die Dunkelheit – es werde Licht

Ein schöner Schöpfungs-Anfangs-Satz
Verständlicher als der Urknall
An jeder Seite schlummert eine Katz
Im ganzen Tal

herrscht friedliche Stille – kein aufschreibenswürdiger
    Zustand – nur Reim-Wille.

## Lebensnotwendig

Eine Maulheldin zu sein würde mir gefallen
Ob der Verlag meint, ich könnte dazugehören
wird sich herausstellen – und alle
Liebhaberinnen von Maulheldinnen würde es nicht stören
dass es Reime sind, die zu Maulheldinnen gehören

Ich reime auch dann
wenn der Maulhelden-Verlag sich nicht zur
Aufnahme entschließen kann
Ein vergrößerter Fan-Club wäre erfreulich
Lebensnotwendig ist er nicht.

## Lebensfristen

Reime zu lieben bedeutet Sprach-Spiele
Ein Spiel – keine Ziele

Aber mit viel Vergnügen an all den Assoziationen
die in dem Gleichklang wohnen

Verbunden mit Erinnerungen
und jenen zufälligen Begegnungen

die unser Leben zu den Orten führen
an denen wir die Lebensangst verlieren

Lebenskunst nennen es die Optimisten
Die Kunst, auch dann das Leben zu genießen, wenn
    das Schicksal sie beschränkt
auf Lebensfristen.

# Von den Klagenden

## In Bild und Ton

Die Klagenden sind ausschließlich an ihrer eigenen
    Klagelust interessiert
Die der anderen beschäftigt sie wenig
Folglich fühlen sie sich nicht von einem Mitklagenden
    angezogen
Der verliert
ihr Interesse da, wie sie richtig meinen, zu sehr auf sich
    selbst bezogen

Wenig Positives hält Einzug in die Kommunikation
Und so bricht sie auseinander, die einst so innige
    Freundschaft und Vertrautheit in Bild und Ton.

## Boshaft

Teresa nennt meine Lebensbetrachtungsweise überheblich
Wie recht sie hat
Ich überhebe mich über die Leidklagenden – das macht
    sie ärgerlich
Für mich eine gute Tat

Gute Taten können aggressiv machen
Jedenfalls wurde Teresa boshaft
Nicht jede arme Künstlerin hat auch die Gabe für Kunst,
    die glücklich macht.

## Zwingen

Nicht jeder ist davon überzeugt
für sein Glück selbst verantwortlich zu sein
Vor allem der Lamentierer bereut
kaum seine eigenen Fehler – ist verdrießlich und mit
    sich allein

Gott und die Welt sind schuld an seiner Misere
Ach wäre
ich doch ein Glückskind
so wie alle anderen es sind:

Vom Schicksal bevorzugt – nur ich
versuche vergeblich
das Wohlgefallen der Lebens-Geister zu erringen
Lassen sich Geister zwingen?

## Lamentation

Der Ausgang der Geschichte einer Klagenden war
    wieder einmal
kein Happy-End
Sie endete im Jammertal
Die Berichterstattung war ebenso ausführlich wie eloquent

Der Seelenfreund war zwar als spiritueller Versteher genial
hatte aber leider
so gar keine Fähigkeit als Wonne-Bereiter
Das wurde zur Qual

Als selbsternannter Künstler und Frauenversteher
war er immer gegen Verführungskünste und die damit
    verbundenen Erlebnisse
Es gab eher
nur seelenverwandte Genüsse

Auch die Seele existiert nicht von Verständnis allein
Der dazugehörige Körper will auch gestreichelt sein

Und so kehrte sie wieder zu dem beklagenswerten
    Weltgeschehen zurück

Liebeskummer ist ja auch nur das Ende von Glück
Und wird unterbrochen von einer Illusion
Da ist sie wieder – die Faszination und die Lust zur
    Lamentation.

# Schatztruhe Erinnerung

## Fachgebiet

Oma hatte nicht nur vier Kinder groß gezogen
Sie hatte sie auch arbeiten und lieben gelehrt
Die widerspenstigste war Mama, die vergaß genau wie
    Oma, ihre Kinder zu loben
Erst im hohen Alter hat das Kind sich dagegen gewehrt

Dabei übertrieb es ein wenig:
„Froh zu sein bedarf es wenig und wer froh ist, ist ein
    König"
meinte Oma – Redewendungen war ihr Fachgebiet
das die Enkelin heute noch liebt.

## Zum Dichten

Einst lebte ich auf einem Bauernhof
Die Tiere waren meine engsten Freunde
Ich sprach mit ihnen, das fanden die Erwachsenen
    eher doof
Nur Oma hatte Verständnis – zu viel Phantasie hat das
    Kind, wie sie meinte


Nur manchmal gingen ihr meine Vorlieben zu weit
Mit den Schweinen während der Zeit des Stallmistens
    auf dem Hof herumzuspielen
Gehört nicht zu den vielen
Bauernhofpflichten
Sie verführten mich später zum Dichten.

## Gleichklang

Manchmal versuche ich, melancholische Gedanken
    gezielt in die Flucht zu schlagen
So könnte ich sie verjagen:
Mit Hilfe von Wortspielen und Gleichklang
Ein wenig wie Gesang

Melodie – Poesie
statt Melancholie

Oft lassen sie sich hervorlocken, vor allem dann
wenn der Gleichklang
nicht nur melodisch verführt
sondern zur Komik wird

In Erinnerung an Omas liebevoll-barschen Kommentar:
„Ma meint dow hässt se nit all, nachts schläft ma im
Bett un nit mit einem Kälbsche im Stall".

## Jenseits der Alpen

Omas Redewendungen begleiten mich
Wenn mir eines ihrer Lieblings-Adjektive in den Sinn
      kommt, wie widerborstig
ist das mit Kindheits-Erinnerungen verbunden
Stunden

in denen ich Szenen betrachte, die ich in einen Film
      verwandelt habe
Eine Phantasie-Gabe
Oma betet den Rosenkranz
In ihrem Lehnstuhl am Fenster ist sie voll und ganz
in ihrer Meditations-Welt
Ich spüre, wie es ihr gefällt

Sie ist Teil der Großfamilie
die viele
Andersdenkende einschließt, auch eine widerspenstige
      Enkelin
mit nichts als Unsinn im Sinn

Dann gehe ich in den Stall und betrachte die Schwalben
Da möchte auch ich einmal im Winter leben – jenseits
der Alpen.

## Schenken

Wenn Oma den Rosenkranz betete und zufrieden aussah
Wollte ich immer wissen: Macht Rosenkranz-Beten froh
Ja, das ist so
meinte sie und war ihrem lieben Gott ganz nah

Erst später sollte ich erkennen
Rosenkranz-Beten kann man auch Meditation nennen
Es verhindert Nachdenken
Und bedeutet: Sich selbst eine *siesta* schenken.

## Anerkennungen

Omas Vorliebe für spezielle Redewendungen gefielen
    mir sehr
Allen in der Familie waren sie bekannt
Wo kamen sie her?
Das wollte ich als Kind nicht wissen, doch auch ich
    wandte sie an


Wenn ich wieder einmal nichtsnutzig herumstand
statt etwas Vernünftiges zu tun wie Wäsche zusammen
    zu falten
oder auch den Schwalben zuzuschauen
wie sie ihr Nest bauen


meinte sie: „Dow kannst doch nit nor Maulaffen feilhalten"
Doch das konnte ich – mit Genuss
und dafür bekam ich von Oma einen liebevollen Blick –
    statt einem Kuss
Loben und küssen war unüblich in unserer Familie
Versteckte Anerkennungen gab es viele.

## Lehrmeisterin

Nicht immer lassen sich die Reimgeister locken
Wollen sie Geduld lehren?
In der warmen *casita* zu hocken
und sich gegen Nachtgespenster zu wehren
ist trotzdem ein Gute Nacht-Gefühl
mit ziemlich viel Gelassenheit
Sitzen wir in der Dunkelheit
erwarten den neuen Tag
und sind bereit

Glücksmomente zu genießen
die ersten Sonnenstrahlen zu begrüßen

„Im Dunkeln ist gut munkeln"
meinte Oma in ihrem gewohnten Reim-Sinn
Ohne sie wäre ich nicht die, die ich bin
Sie war eine wunderbare Lehrmeisterin.

# Irgendwo im Universum

## Allein

Ich, Rojo, und meine Menschenfreundin haben
    beschlossen, weiterhin zusammen zu dichten
Sie nennt es reimen
Wir erzählen uns unsere Tages-Geschichten und brauchen
    keinen
der daran teilnimmt in der *casita*

Hin und wieder ist ein Gast da
Den schätzen wir dann
Wenn er ein Zuhause hat und uns wieder verlassen kann

Meine Menschenfreundin nennt das zufrieden-sein
Wir haben uns – sind niemals allein.

## Was Rojo mir noch sagen wollte

Wir wollen noch einmal gemeinsam aus unserem Leben erzählen, bevor es zu Ende ist - sozusagen eine Fortsetzung von "Ojalá". Begeistert zeigte mir meine Menschenfreundin Bilder von Louis Wain, den sie gerade entdeckt hatte. Er war ein Katzennarr und malte uns Katzen ein Leben lang. Mit seinen anthropomorphen Katzenbildern finanzierte er die gesamte Familie bis er eine Kopfverletzung erlitt, ins Koma fiel und später von seinen Schwestern für verrückt erklärt wurde. Er erschuf eine ganze Katzengesellschaft. Natürlich galt er als exzentrisch. Schon die Beschreibung eines Lächelns in unserem Gesicht gilt als exzentrisch. Warum mir meine Menschenfreundin ihre Geschichten erzählt, die ich dann in meiner und ihrer Sprache weiter erzähle, weiß ich nicht. Vermutlich möchte sie nur von Katzen-Närinnen und Narren gelesen werden.
Natürlich zelebrierten wir Silvester 2024 gemeinsam, ohne Böller-Lärm aus San Juan und ohne Feuerwerk, beides hasse ich. Gemütlich ist es in der *casita* mit köstlichen Fisch-Spezialitäten und leiser Musik. Hermann, der Neue, durfte mitfeiern. Puschi findet

ihn sympathisch, Manx kann ihn überhaupt nicht leiden. Ich weiß noch nicht genau, was ich von ihm halten soll. Er ist ein schöner Schwarz-Weißer und immer noch nicht kastriert, was natürlich daran liegt, dass es unmöglich ist, ihn in eine Falle zu locken. Das wird sich im Neuen Jahr ändern. Sein Lieblings-Platz ist die Außenküche auf einem Stuhl neben der Spüle. Dort nimmt er auch seine Mahlzeiten ein, wenn wir ihm nicht erlauben, mit uns im Badewannen-Zimmer zu speisen. Heute habe ich ihm erlaubt, mit uns den Über-Tausend-Jährigen im Tal zu besuchen. Unser ukrainischer Helfer hat den von allen wilden Trieben befreit. Gut sieht er aus. Natürlich muss meine Lebens-Freundin dichten und liest mir auch gerade ihren Entwurf vor. Wie findest du den Titel für den neuen Gedichtband "Traumverloren" will sie wissen. Sicher erzählt sie mir gleich den Traum von heute Nacht. Aber das Telefon bimmelt, bestimmt ist es ihre liebste Freundin Tamara – na das kann dauern ...

## Nachrichten

In der Schreibecke zu hocken
und Reime anzulocken

ist der schönste Tagesbeginn
Auch in Rojos Sinn

Mit lautem Schnurren bestätigt er das
Heute wird dir alles gelingen
was du dir vorgenommen hast
Nachdem du mir deinen Farb-Traum erzählt hast kannst
    du beginnen

Auf dichten können wir nicht verzichten
trotz grauenhafter Kriegs-Nachrichten.

## Alltag

Oft sind Träume interessanter als das Alltagsleben
Dann kuschele ich mich mit Rojo in der Schreibecke ein
Vielleicht fallen mir ja die Augen zu und die Traum-Geister
    lassen mich schweben
Das ist sie, die Wirklichkeit, die sogenannte Realität ist nur
    ein Widerschein

Kann mir nur recht sein
Auf Katzen werde ich niemals verzichten
Lieber verzichte ich auf Menschen und begnüge mich mit
    erfundenen Geschichten.

## Privilegiert

Wenn ich meinen Lieblingskater Alterchen nenne
blinzelt er listig so als wollte er sagen:
Igualmente - selbst so eine, die ich gut kenne
Dann kuscheln wir uns ein – in der Schreibecke und
    tragen

unser Schicksal mit Gelassenheit
Oder das, was wir dafür halten
Wir – die Alten
vom Schicksal begünstigt mit Freiheit

Heute umtobte uns ein stürmischer Herbstwind
Wie privilegiert wir sind
flüstere ich Rojo ins Ohr
Zustimmend schnurrt er, es kommt ihm genauso vor.

## Ein schönes Leben

Mein Rojo wird nicht mehr lange leben
Er ist über zwanzig Jahre alt
Sein Fell ist glanzlos, fast struppig
Vielleicht hilft eine Vitaminbehandlung ein wenig
Er hatte ein schönes Leben bei uns
Jetzt geht es zu Ende.

## Weiterleben

Über zwanzig Jahre lang warst du mein Lebensbegleiter
mein geliebter Rojo
Nun ist dein Leben zu Ende – ich lebe weiter
Irgendwo

im Universum treffen sich vielleicht unsere Seelen
Die Vorstellung gefällt mir
Du wirst mir unendlich fehlen
Wie dankbar bin ich dir!

Noch warte ich vor der Tierarzt-Praxis bis ich dich mit
        nach Hause nehmen kann
Aus dir wird eine *Palmera Real* wachsen
Das ist dein Weiterleben dann
Umgeben bist du von all meinen verstorbenen Katzen

Ein Weiter-Lebens-Platz
Nicht nur für Buri und Felino – auch für jede Katz.

## Trost bei Tod den gibt es nicht

Nicht oft kommt es vor, dass ich eines meiner alten Reim-
	Bücher aufschlage
Doch heute fiel es mir in die Hände
Keine Einwände
Ein alter Band und eine neue Lebenslage

Rojo ist gestorben
Wie ich ihn vermisse – den Eigenwilligen, den Gescheiten
den Lebensgefährten in guten und schlechten Zeiten
Gleich werde ich ihn begraben – nicht erst morgen

Auf seinem Grab wird eine *Palmera Real* wachsen
Wie auf denen von Buri und den anderen verstorbenen
	Katzen
Seelenwanderung nenne ich dieses Weiterleben
in anderer Gestalt – zu Lebzeiten begleitete er mich auf
	allen Wegen

immer wieder in einen neuen Lebensraum
Und besonders zu dem alten Über-Tausend-Jährigen –
	dem Lang-Lebe-Baum
Heute werden mich Puschi und Manx zu ihm begleiten –
	ihre Gegenwart tröstet mich nicht
Trost bei Tod den gibt es nicht.

## Überall

Die Märzsonne zaubert leuchtende Blüten hervor
Es summt und duftet auf Schritt und Tritt
Ein Korridor
in das Natur-Paradies – jeder Störenfried
wird ausgesperrt

Eine dicke Hummel umschwirrt die Rosmarinblüten
Auch ein Schmetterling umkreist sie unbeschwert
Er scheint mit der Hummel um die Wette zu fliegen
Die Natur hilft, die Trauer um Rojos Tod zu ertragen –
    auf seinem Grab
wird sie wachsen – die *Palmera Real*
Seelenwanderung überall.

## Trotz Leid

Wo bleibt die geistige Lebensenergie nachdem es keinen
    Körper mehr gibt
Wird sie Teil der Unendlichkeit
Wird im Universum geliebt
Sind wir nur Energie im Kosmos der Unsterblichkeit?

Am Ende des Lebens stellt sich diese Frage
Das Jenseits bedeutet nur für Gläubige Glückseligkeit
Unsere Erdentage
waren das Geschenk voller Liebe – trotz Leid.

# Traumverloren

## Traumverloren

Verlieren ist immer ein trauriger Sachverhalt
Nur finden ist schöner
Doch manchmal gibt es eine Kombination – sie ist uralt
Mit ihr lässt sich das Leben bewältigen, macht es nicht
    bequemer
gibt jedoch dem Alltag einen Hauch von Besonnen-Sein
und hat
eine Eigenschaft – sie ist angeboren
Wir träumen – und blicken auf das Tagesgeschehen –
    TRAUMVERLOREN.

## Wie Gedichte

Mit diffusen Erinnerungen aus einem bedrohlich Traum
    zu erwachen
ist kein erfreulicher Tagesbeginn
Doch ich liebe die Träume, oft bringen sie mich auch
    zum Lachen
Sie sind mein Zweit-Leben – machen Sinn

Manchmal verwandle ich sie in eine surreale Geschichte
Oft sind sie wie Gedichte.

## Verdichten

Wenn jeder Tag ein Geschenk ist
heißt das: Es ist soweit
Die Lebenszeit
neigt sich dem Ende zu und nur mit List

bedeutet „Ewige Ruh" Frieden
Die Erinnerungen sind geblieben und – wie Träume
–   Lebens-Geschichten
wenn das Schicksal beschließt: Sie lassen sich verdichten.

## Schweben

Das Land mit der höchsten Lebenserwartung in Europa
    ist Spanien
Ich dachte, eher kämen die nordischen Länder in Betracht
Ist es die *siesta* oder der wunderbare Duft von Rosmarin
Herausgefunden habe ich es nicht nach all den Jahren
    in all der Insel-Pracht

Nicht nur
der Natur

An meinen Nachbarn schätze ich ihre Toleranz
Ihre *mañana*-Philosophie
die mich meine anerzogene Pünktlichkeit voll und ganz
vergessen ließ – nie

bereue ich den Entschluss auf dieser Insel zu leben
und im hohen Alter zu reimen und in Träumen über den
    Pinien zu schweben.

## Schon lange

Anagramme und Palindrome interessierten mich schon
    immer
Rückwärts gelesene Namen sind Ananyme
Ihr Klang verbreitet einen Schimmer
von kommt-mir-bekannt-vor, Versuch vieler unbekannter
    Pseudonyme

In einem Traum – heute Nacht
war es wieder einmal so weit
Vergnügt bin ich aufgewacht
Ich hatte in einem Secondhand-Buchladen ein Buch
    gefunden, das in einer längst vergessenen Zeit
von einer Autorin: Ennairam Giwtrah, entstanden war

Wie konnte ich das vergessen, fragte ich meine Traum-
    Geister entsetzt
Hast du doch gar nicht, antworteten sie – erst jetzt
wird dir klar:
Wortspiele sind dein Element, dazu gehören Anagramme
Das weißt du schon lange.

## Beschreiben

Traumgeschichten
berichten
von Wünschen und Ideen
So als sähen
wir ein wenig in die Zukunft
mit Gefühl statt Vernunft

Das verstärkt die Lebenslust
Viele Menschen berichten nur von Leiden
Von Unlust und Frust
Offenbar sind Glücksgefühle schwieriger zu beschreiben.

## Beginnen

Vielleicht ist die Tatsache, dass ich eine Pessimistin bin
schuld an meinen zuversichtlichen Reimen
Gegenmaßnahmen regulieren den Lebens-Sinn
und meinen:

So hilft jede Wahrnehmung zu einer Bewältigung von
    Krisen
Die Kunst ist eine Mitstreiterin
Unzählige Biografien haben es bewiesen
Sie ist Medizin

Bei Tag und bei Nacht
Träume gehören zu ihren Helferinnen
Sie zu deuten macht
sich entsinnen
und immer wieder mit Vertrauen in die Zukunft neu
    zu beginnen.

## Unendlich

Vor dem Einschlafen bat ich meinen Traum-Geist um eine
    schöne Geschichte
Er beriet sich mit meinem Schutzengel und sie beschlossen:
Der Wunsch wird erfüllt – sie liebt kuriose Gedichte
und sie schreibt sie auf – unverdrossen

Ringelnatz, Eugen Roth etc. locken sie:
Mach weiter so, wir lassen dich nicht im Stich
Unser Geschichten-Reservoir ist unendlich.

## Doppelleben

Ja, „Traumverloren 2" ist ein schöner Titel für den nächsten
    Band
Fast keine Nacht ohne Traum
Ich führe ein Doppelleben und gehe oft Hand in Hand mit
    meinen verstorbenen Lieben an den Strand
Was will ich mehr – das Schicksal schenkt mir einen
    zweiten Lebensraum

Auch der hat manchmal seine Tücken
die nicht immer die Träumerin entzücken
Dafür werden aus ihnen absurde Geschichten
Traumgeister sind Helfer beim Dichten

Vor allem dann
wenn ich auf Verstand und Logik verzichten kann.

## Lebenszeit

Papier und Stift liegen neben dem Kopfkissen
Man kann nie wissen
ob die Traumgeister eine Nachricht schicken
die hilft, in die Zukunft zu blicken

Professionelle Deutungen sind beliebt
Ernst Aeppli, ein C.G. Jung-Anhänger hilft mit Symbolen
    und meint:
Vieles geschieht
in den Traumlandschaften und ist völlig anders als es
    scheint

Du selbst bist dein bester Traumdeuter
Nur du kennst deine geheimen Wünsche – deine
    Mutlosigkeit
Sie blühen und vergehen wie Unkräuter
Jetzt und für alle Lebenszeit.

## Magie

Mitten in der Nacht aufzuwachen und einen Traum
  aufzuschreiben
ist keine Seltenheit
Dieses Mal war es die Rätselhaftigkeit des Traums die mir
  half, die Müdigkeit zu vertreiben
und die mir noch bleibt
„Oktomus" war das Traumwort – ich googelte und fand es
Niemals zuvor hatte ich es gehört
In meinem neuen Band „Traumverloren" findet es seine
  besondere Bewandtnis
Es wäre eine Jung'sche Deutung wert

Aber auch ohne Deutung bleibt es eine seltsame
  Geschichte
Da helfen nur Gedichte
Die leichter zu deuten sind
Schon als Kind
liebte ich sie
Sie sind Teil des Lebens und seiner Magie.

# Träume

# Erste große Liebe

Heute Nachte besuchte mich meine erste große Liebe. Wir haben uns schon als Kinder geliebt. Er war Messdiener und ich betete während der Messe vor. Die Kirche war immer unser Treffpunkt. Er wollte Priester werden und ich wollte ins Kloster gehen. Wenn wir uns bei ihm zu Hause trafen, hatte seine Mama immer ein Auge auf uns, besonders als wir in in die Pubertät kamen. Mama war *muy catolico.*[*]

Heute Nacht saßen wir mit vielen gemeinsamen Freunden zusammen und fabrizierten Kinkerlitzchen, die jeder in einem Kästchen sammelte und die als Beigabe bei einem Geburtstagsgeschenk gedacht waren. Ich beklebte eine Streichholzschachtel und malte sie bunt an, er spielte Gitarre, was er gut konnte, und die Zeit verflog im Nu. Ihm gefiel mein neues Schmuckkästchen, aber ich schenkte es ihm nicht. Er sollte es erst an seinem Geburtstag erhalten, denn ich wollte ein Gedicht darin verstecken.

[*]Span. sehr katholisch

## Auf der Zugfahrt

In einem Zug sitze ich und wünsche mir, eine Zugbekanntschaft zu machen. Beides ist extrem ungewöhnlich, erstens dass ich überhaupt in einem Zug sitze und zweitens dass ich mir eine Bekanntschaft wünsche. Auf Erfahrung weiß ich, dass intensive Wünsche der nicht so ausgefallenen Art in Erfüllung gehen. Zum Beispiel habe ich oft einen besonderen Traum, wenn ich ihn mir vor dem Einschlafen heftig wünsche. Im Zug sitze ich, weil ich eine meiner ältesten und liebsten Freundinnen besuchen will, deren Mann gerade gestorben ist. Da wäre es doch praktisch, wenn die Bekanntschaft auf der langen Reise eine Psychoanalytikerin wäre, denke ich und lege die Reiselektüre „Hilma af Klint" zur Seite. Da sagt die mir gegenüber sitzende, etwas farblose junge Frau: „Eine interessante Bilder-Geschichte haben sie mit auf die Reise genommen". Und sofort wurde aus dieser etwas unscheinbaren Mitreisenden eine Neugier erweckende Persönlichkeit. „Ja, die Reise ist lang und ich kann nicht damit rechnen, dass mein Reisewunsch in Erfüllung geht", sage ich. „Wie ist denn der Wunsch", fragt sie. „Ich möchte als Reisebekanntschaft eine Analytikerin kennen lernen", sage ich. „Das bin ich", meint sie, und schon bald bin ich mitten in der Geschichte meiner langen Freundschaft mit Irenen, die Malerin ist und deren Mann, der gerade gestorben ist, Bildhauer war. Zwei wunderbare Künstler, schwärme ich, dabei hielten sie mich für eine Lebenskünstlerin, ausgerechnet mich, die Zweiflerin. „Zweifeln ist eine hohe Kunst", sagte sie, „ohne Zweifel gäbe es keine Kunst". Wir sind sofort im schönsten Gespräch – lange. „Entweder muss ich jetzt meine *siesta* halten oder wir gehen in den Speisewagen", schlage ich vor. „Letzteres", sagte sie und das machten wir. Im Speisewagen sind nur noch zwei Plätze frei an einem Tisch, an dem eine schöne Frau sitzt. „Ich würde mich nicht wundern", meint meine Reisebegleiterin, „wenn sie Analytikerin wäre". Und das ist sie. „Meine Reise ist noch lang", sage ich, „es könnte noch eine dritte hinzukommen", in meiner WG-Zeit lebte ich mit zwei, die Analytiker wurden und einem, der sich mit Gruppentherapie beschäftigte, letzterer wurde mein Ehemann. Alle meinten, ich würde in meinem späteren Leben keinen Analytiker mehr brauchen. „Kein Wunder", lachten die beiden, dass du an Wunschvoraussagen glaubst, die in Erfüllung gehen, nur anders als ursprünglich gewünscht. Wir essen eine *gaspacho** – noch ist der Zug nicht am Reiseziel – und freuen uns auf den Rest der Reise.

*Span. kalte Gemüsesuppe

## Nabelschau

Zwei Schwestern wachsen behütet auf. Die ältere ist schon in der Pubertät, die jüngere bewundert ihre schöne Schwester, zieht heimlich ihre Kleider an, die alle sittsam sind. Sie macht daraus aus klitzekleinen Veränderungen eine – wie sie es nennt – Theater-Garderobe. So zum Beispiel bei einem hochgeschlossenen dunkelroten Samtkleid. In der Höhe des Brustansatzes schneidet sie einen augengroßes Loch und verlängert es bis zum Nabel. Um den Nabel zeichnet sie kleine bunte Blätter, so dass er wie eine Knospe aussieht. Die Schwester ist entsetzt und fasziniert. „Du hast mein Kleid ruiniert", schimpft sie. „Ja, aber ist es jetzt nicht wie ein Bild, das man futuristisch nennt?" Dann wirst du es heute Abend bei dem Test darstellen, sagt die ältere.
Das Fest war eher langweilig, Höhepunkt war der Auftritt im roten Samtkleid mit Nabelschau.

## Pilotin Siglinde

Seit langer Zeit bin ich wieder einmal in meinem ersten Zuhause. Meine alte Freundin Gisela holte mich am Flughafen Hahn ab. Wir müssten uns beeilen, sie habe zugesagt, bei dem ersten Flug, den unsere Schulfreundin Siglinde als Pilotin fliegt, dabei zu sein. Wenn ich möge, könne ich auch mitkommen. Siglinde habe ich als brave Hausfrau in Erinnerung und ich kann sie mir als Flugpilotin nicht vorstellen. Wer fliegt denn noch mit, will ich wissen. Dein Ex-Verlobter, sagt Gisela. Wenn der sich traut mit Siglinde zu fliegen, traue ich mich auch, sage ich.

## So wie im wirklichen Leben

„Es geht nicht ums Denken, sondern ums Nachdenken", sagte M. und zog eines ihrer dezenten, selbstentworfenen Berufskleidungsstücke an. So nannte sie ihren bunten Arbeitskittel, den sie in der Praxis trug. Sie war Analytikerin geworden. Die Zeit als Lehrerin lag hinter ihr. Ein Gutachten meines Analytiker-Freundes hatte ihr dazu verholfen, sie zu beenden und mit einer Pension aus dem Staatsdienst auszuscheiden. Die anschließende lange Therapiezeit hatte sie befähigt, ihr neues Studium erfolgreich abzuschließen. Wir wohnten zusammen in einer WG. Ich bewunderte sie. Ihr Klientel bestand vorwiegend aus dem Umfeld ihrer ehemaligen BerufsKollegen. „Lehrer zu sein bedeutet seelische Knochenarbeit", pflegte sie zu sagen. Ich versuchte, mir eine Seele mit Knochen vorzustellen, was mir nicht gelang. Wie sollte es auch. Wir hatten wieder einmal endlos in der Nacht über das Leben nach dem Tod diskutiert. Eine der WG-Mitbewohnerinnen glaubte daran und freute sich darauf, die Menschen die sie zu Lebzeiten geliebt hatte, wieder zu treffen. Ich konnte ihr stundenlang zuhören. Es gelang mir aber nie, hinterher das Gesagte wiederzugeben beziehungsweise es ganz zu bezweifeln. Es hörte sich immer wie ein Märchen an, doch sie war keine Märchenerzählerin sondern eine mit beiden Beinen fest im Leben stehende tüchtige Berufs- und Hausfrau. Ich schätzte sie sehr, und wollte gerne ihre Freundin sein, was aber nicht ganz gelang, denn sie sagte mir zu oft, dass sie für mich, die Ungläubige, betete. M. hatte eine Sondersitzung mit ihrem Lieblingspatienten, ebenfalls einem ehemaligen Lehrer. Aus der langen Analyse war eine Liebesbeziehung geworden. Sollte das bekannt werden, drohte ihr Amtsenthebung – Ausschluss aus der Oberinstanz, der Psychoanalytischen Gesellschaft. Bei allem Nachdenken war kein Licht am Ende des Tunnels zu sehen. Die Ehefrau des Patienten hatte Verdacht geschöpft. Sie war keine Bewunderin von Dr. M. Ich arbeitete in einer Kunst- und Antiquitäten-Galerie und hatte nicht die geringste Ahnung, warum mich M. beneidete. Mein Gehalt war nicht annähernd so ansehnlich wie ihres, und meine Kunden konnte ich mir auch nicht aussuchen. „Vielleicht ist die Kunst schuld daran, dass du keinen Therapeuten brauchst", meinte sie und besuchte mich in ihrer reichlich vorhandenen

Freizeit oft in der Galerie. Dort stand ein Flügel. Sie spielte ausgezeichnet Klavier und meine Kunden waren kauffreudiger, wenn sie spielte, fand ich. Es war uns nicht bewusst, wie privilegiert wir waren. Das Alter schien in endloser Ferne zu liegen. Jetzt ist es Wirklichkeit, wunderte ich mich beim Aufwachen. Im Traum sind nur einige Einzelheiten durcheinander geraten – so wie im wirklichen Leben.

## Der Dichter

Auf einem Familienfest stellt meine Enkelin mir ihren neuen Freund vor. Sie ist völlig verliebt und schwärmt mir vor, was er alles kann. Du kannst dir nicht vorstellen, wie geschickt er ist und was er alles macht, sagt sie, und das muss ich dir zeigen. Sie zückt ein zerknittertes Blatt Papier, das sie ganz offensichtlich schon zig-mal in Händen hielt und las mir ein Liebesgedicht vor – rührend in seiner Einfachheit, wie Gedichte, die man sich früher ins Poesie-Album schreiben ließ. Wie findest du es, fragt sie strahlend, ich weiß, du kennst dich aus in Gedichten. Ohne nachzudenken sage ich: Damit muss er weitermachen, ich denke dabei mehr an seine Begeisterung für sie als an seine Gedichte. Sie sagt ganz glücklich: Du hast erkannt, dass er Talent hat, ich werde ihm dabei helfen, ein Dichter zu werden. So jemanden hätte ich auch einmal gebraucht, denke ich und freue mich, es auch allein geschafft zu haben.

## Zu viel Gepäck

Mit einer Gruppe mache ich eine Reise. Ich bin diejenige, die das meiste Gepäck hat. Das ist mühsam, weil wir zu Fuß unterwegs sind. Das viele Gepäck ist ein Grund dafür, warum ich immer als letzte fertig bin. Einmal bin ich so spät aufgebrochen, dass ich die anderen aus dem Auge verloren habe. Nach und nach verzichte ich auf einige Gepäckstücke. Aber als wir nach langer Zeit an unseren Ausgangspunkt zurückkommen, finde ich einiges von dem Zurückgelassenen wieder vor. Unter anderem ein Gestell, in das der Wasserbehälter, den ich die ganze Zeit dabei hatte, passte. Es war ein antikes Teil und hatte einen besonderen Mechanismus mit einem aufklappbaren Stuhl. Es war aber so schwer, dass ich es unmöglich mitnehmen konnte. Mein Argument, es trotzdem mitzunehmen war: Es würde Jordi gefallen.

## Chintz

Ich bewerbe mich bei einem Kuriositäten-Wettbewerb. Mein Beitrag heißt: „Die gechinzte Couch". Ein Sachbearbeiter schaut sich jedes einzelne Stück an. Meines wird von einer Assistentin besonders begutachtet. Ob ich sicher wäre, dass es nicht zu viel „Süßstoff" hätte. Sicher bin ich mir nie, ist meine Antwort. Nach einer Weile erscheint der Sachverständige wieder und bittet mich, ihm zu folgen. Ich gehe auf leiterähnlichen Holzstufen hinter ihm her. Wir erreichen einen großen Raum, und ich werde angewiesen, unter den Zuschauern Platz zu nehmen. Hier würden die ausgesuchten Stücke noch einmal gezeigt und das gesamte Publikum werde entscheiden, welches die drei besten wären, die einen Preis erhalten sollten. Neben mir sitzt eine Frau die mich fragt, ob ich wüsste, dass wir alle nicht nur Zuschauer, sondern auch Künstler wären. Der Sachverständige, der mich hergeführt hat, gibt mir zu verstehen, dass „Die gechinzte Couch" Chancen hätte. Da schaue ich ihn das erste Mal genauer an und stelle fest, dass es Knut, der beste Freund meines Mannes ist. Ich hatte ihn nicht erkannt, weil er keinen Bart mehr trug und elegant gekleidet war.

## Tränen

Mit meiner Freundin mache ich einen langen Spaziergang. Wir kommen zu einem verlassenen Platz, den wir besonders schön finden. Es gibt Terrassen und Mauerreste, den richten wir zu einem Atelier-Platz ein, sagen wir fast gleichzeitig. Tamara ist schon dabei, ihn zu gestalten. Er wird so aussehen wie das Bild, das gerade entsteht, sagt sie. Ich werde mich um die Besitzerfrage kümmern, vielleicht können wir ihn mieten, meine ich. Glücklich kehren wir nach Hause zurück und ich rufe die Bezirksverwaltung an, um den Besitzer herauszufinden. Am Telefon ist man sehr freundlich und meint: Das Grundstück gehört einer M. H.. – Aber das bin doch ich, höre ich mich sagen. Und voller Dankbarkeit, einen so schönen Platz geerbt zu haben, kommen mir die Tränen.

## Ausstellung in einer Schule

In einer Gruppe von Künstlern bin ich zuständig für eine Ausstellungsplanung. Im letzten Moment haben alle Aussteller eine Schule vorgeschlagen, von der niemand wusste, wie sie aussieht. Ich ging also hin und schaute mir das Gebäude an, das aussah wie ein ganz normales großes Wohnhaus, allerdings hatte es einen großen Hof. Junge Frauen und Kinder flitzen dort herum und die, die ich erwischen konnte, meinte, ich solle mit Anja sprechen, die mit den fünf Kindern. Die Schule war bewohnt von jungen Frauen und Kindern, und ich erzählte ihnen von unserer Ausstellungs-Idee. Das wäre doch gar kein Problem, meinte Anja, dann müssten die Kinder eben die Spielsachen ordentlich wegräumen. Allmählich wurde mir klar, dass es sich bei der Schule um ein Frauenhaus handelte. Alle Kinder würden Bilder malen, meinte Anja, und die könnte man doch zusammen mit unseren ausstellen. Die Idee gefiel mir, aber würde sie auch den anderen gefallen? Je länger ich mir die Schule ansah, umso mehr Chaos nahm ich wahr, aber umso entschlossener wurde ich. Von Chaos hast du dich doch noch nie abhalten lassen, sagte ich mir und meinte dann: Ich nenne es Improvisation.

## Davonradeln

Eine bildschöne Frau mit vier Kindern und einem Ehemann besuchten mich. Ich wohne in einem Haus am Meer, an einem Abhang. Der Ehemann ist pikiert, als ich ihn darauf aufmerksam mache, nicht zu nahe am Abhang zu parken. Er sei Oldtimer-Liebhaber und Autofachmann, meinte er. Frau und Kinder übernachten bei mir. Am nächsten Tag kommt der Ehemann und parkt genau an der von mir beschriebenen zu vermeidenden Stelle. Ein Sturm in der folgenden Nacht fegt sein Auto in die darunter liegende Bucht. Als die junge Schöne das Desaster sieht, leiht sie sich mein Fahrrad mit Anhänger und radelt mit ihren Kindern davon.

## Nicht nur Wunschtraum

Ich lese eine Biografie über eine meiner Lieblings-Dichterinnen aus dem letzten Jahrhundert. Ich bin so begeistert davon, dass ich ihr das sagen muss, dass ich sie kennenlernen möchte. Wie stelle ich das an? Ganz einfach, sage ich zu mir: Du schreibst es ihr und schickst ihr deinen neuen Gedichtband. Dann gerät sie aus meinem Gedächtnis – zunächst. Doch dann halte ich einen Brief von ihr in Händen - einen sehr persönlichen – handgeschrieben. Die Schrift gefällt mir so gut wie die Biografie. Ich lese ihn ganz oft und beschließe, ihn nicht gleich zu beantworten.

## Unerklärlich

Eine corona-ähnliche Pandemie ist ausgebrochen. Die Krankenkassen sind dem Ausmaß der Hilfe, die jeder Infizierte braucht, nicht gewachsen. Die Menschen suchen nach Möglichkeiten der Selbsthilfe, wie sie früher auf dem Dorf möglich war und ich sie als Kind auch noch erfahren habe. Jeder bespricht mit seinen Lieblings-Menschen die Möglichkeiten des Zusammenlebens in der verbleibenden Zeit nach der Ansteckung, denn die Krankheit ist tödlich – nicht jeder steckt sich an, aber keiner weiß warum. Freundschaften werden unter dem Aspekt geschlossen, dass sie zusammmleben „bis dass der Tod sie scheidet" – unabhängig von Verträgen, aber mit einer „staatlichen Beihilfe", die nicht der Infizierte bekommt, sondern der noch Gesunde – Maskenpflicht etc. gibt es nicht. Weil plötzlich der Tod so nahe gerückt ist gewinnt vor allem unter jungen Menschen die Auswahl des Lieblingsmenschen eine neue und andere Bedeutung. Geld scheint keine Rolle mehr zu spielen, das Wichtigste ist: Nicht infiziert sein. Weil der Tod bei Infizierten plötzlich eintritt, ohne langes, vorhergehendes Leiden schwindet seltsamerweise die Angst davor. Jemand hat den Satz geprägt: Tod tut nicht weh. Außerdem ist er kein Tabu-Thema, man spricht darüber, wie über den Urlaub, nur planen kann man ihn nicht. Die neuentstehenden Freundschaften sind intensiv und die meisten Menschen leben „tagesbewusster" und haben weniger Scheu, über ihr nahes Ende zu sprechen. Durch die großzügige staatliche Zuwendung für Gesunde, die einen Pflegefall übernehmen, steigt das Ansehen des Pflegepersonals, das weniger in öffentlichen Einrichtungen wie Krankenhäuser und Altersheimen stattfindet als vielmehr in sogenannten Wohn-Gemeinschaften. Mit anderen Worten, die Pandemie erzeugt neues soziales Verhalten in dem die Menschen keine Zeit mehr haben für Feindschaften und Kriege – für langfristige Planungen. Weil Tod Alltag geworden ist, steigt die Improvisationsfähigkeit und seltsamerweise sogar die Lebensfreude. Die Menschen sind weniger depressiv – wie in Kriegszeiten - was geradezu unerklärlich ist.

## Chaos

Nach langer Zeit komme ich aus Spanien nach Hamburg zurück. Jordi bleibt im Praxis-Haus, ich fahre in den Laden. Es ist mitten in der Nacht. Angekommen sehe ich nur soviel, dass das Schloss mit einem Nylonfaden umwickelt ist. Aber als ich meinen Schlüssel aus der Korbtasche hervorgekramt habe, ist Gott sei Dank abgeschlossen. Ich schaue ins Schaufenster und sehe zwei große schwarze Kreuze dort stehen, im Hintergrund nur Gegenstände, die ich nicht kenne. Der Laden ist sozusagen ein Second-Hand Laden. Manuela kommt, und ich frage, was um Gottes Willen sie da gemacht hat. Sie habe ihr Auto verkauft und davon die wertvollen „Antiquarischen Kreuze" gekauft. Wir gehen in mein hinteres Zimmer, das unverändert ist, und bereden, was zu tun ist. Sie ist ganz friedlich und ich weiß, ich muss mit ihr verhandeln, weil ich Geld von ihr will, wenn ich ihr den Laden überlasse. Ich trage nur ein spärliches Ibiza-Oberteil und aus dem aufgeschlitzten Shorts – passierte beim Aussteigen aus dem Auto – schaut Teil einer Pobacke heraus. Darauf macht mich unser schwuler Nachbar aufmerksam, der an der Hintertür auftaucht. Ich stürze vor die Tür, weil ich dort die Korbtasche stehen gelassen hatte. Sie ist weg. Ich gerate in Panik. Am Ende der Straße glaube, ich einen Mann mit einer Korbtasche zu sehen, und renne hinterher. Da fällt mir mein „Aufzug" ein, und ich bitte Manuela um ihren langen Mantel, den sie trägt und den sie mir auch gibt. Inzwischen habe ich den Mann aus den Augen verloren, und ich frage mich, ob ich die Korbtasche woanders hingestellt habe. „Geht das Telefon noch", will ich von Manuela wissen, weil ich Jordi anrufen will. Es geht noch, aber Jordi meldet sich nicht. Ich gehe durch den Laden und sehe nur Gerümpel. Immer noch trage ich Manuelas langen Mantel und sie schlägt vor, etwas zu kochen. Ich bin aus gehungert und gehe auf ihren Vorschlag ein. Ich überlege, was alles in der Korbtasche war und stelle erleichtert fest, dass alle wichtigen Papiere im Bauchbeutel sind. Nur das Original meines letzten unveröffentlichten Gedichtbandes war drin. Aber im Holzhaus auf Ibiza ist eine Kopie, fällt mir ein, und ich setze mich erleichtert auf einen wackeligen, antiken Stuhl, der neben dem Fratzscher-Spiegel steht. Mein Leben ist ein Chaos, stelle ich fest und wache auf.

## Leben in einem Urwaldcamp

Aus nicht bekannten Umständen bin ich in Peru in einem Urwaldcamp gelandet. Wir sind zwölf Personen unterschiedlichster Nationalitäten, und wir haben einen Überlebens-Pakt unterschrieben auf unbestimmte Zeit, der ungefähr so aussieht: Alle überlebenswichtigen Dinge sind vorhanden, werden aufgelistet, ausscheiden geht nur, wenn die Kosten dafür bezahlt werden. Alle vier Wochen wechselt die Person, die das Sagen hat. Es beruht auf den Gesetzen ihres Landes plus ihren eigenen Wertvorstellungen. Eine Japanerin beginnt mit der Führungsrolle. Wenn sie Arbeitsbedingungen vorschlägt, die einer Person nicht zusagen, muss sie unter den elf eine Mehrheit zur Ablehnung finden. Alle sprechen eine Sprache, die jeder versteht. Ich bin die Älteste, was aber in der Gruppe weder einen Vorteil noch einen Nachteil darstellt. Frühere Berufe spielen keine Rolle. Sie werden aber im Laufe des Zusammenlebens erkannt. Bei der Japanerin habe ich den Eindruck, dass sie Künstlerin ist. Sie wirkt souverän und scheint einen großen Lebenswillen zu haben mit Hang zur Melancholie. Wer sich zur einmonatigen Führungsrolle nicht bereit findet, kann diese immer wieder verschieben – ein Jahr lang. Mit anderen Worten, es wird davon ausgegangen, dass die Gruppe mindestens ein Jahr lang zusammenbleibt. Jeder hat in der Bambus-Hütte eine eigene, abgeschirmte Ecke plus Bett, Tisch und Stuhl, in die er sich zurückziehen kann, so oft er will. Das Tages-Pensum kochen, putzen und die Umwelt instand halten, wird von der Führungsperson koordiniert. Kontakte zur Außenwelt gibt es nicht. Angeblich wissen frühere Angehörige und Freunde, dass wir leben. Auf die Frage, ob ich länger als ein Jahr bleiben möchte antworte ich: Nein, die Bäume und Tiere mag ich, von den Menschen weiß ich das noch nicht.

## Märchen

Ein Mann sucht sich mit seinem Sohn eine Hütte im Wald. Um sich zu ernähren, stellt der Mann eine Falle auf, um Tiere zu fangen, die er tötet und die sie essen. Dann will der Sohn wissen, wie er an die Tiere kommt, wenn kein Tier in der Falle ist, ein Gewehr hat er nicht. Er nimmt seinen Sohn mit zu der Falle, schweren Herzens, und der Sohn sieht einen gefangenen Wolf. Der Wolf und der Junge sehen sich an und der Junge bittet seinen Vater, den Wolf am Leben zu lassen. In der Hütte sperrt er den Wolf ein, um ihn am nächsten Tag zu töten. Der Junge schleicht in der Nacht zu dem Wolfsjungen, streichelt ihn und umwickelt seine verletzte Pfote. Der Vater sieht das und rennt in den Wald, um seine Wut abzubauen. Dabei läuft er in seine eigene Falle. Als er nach zwei Tagen immer noch nicht zurück ist, geht der Sohn mit dem Wolfsjungen auf die Suche und führt ihn in eine bestimmte Richtung. Plötzlich bleibt er stehen, sieht den Jungen an und heult laut. Der Junge schaut sich um und sieht ohnmächtig in der Falle seinen Vater. Der überlebt. Inzwischen haben Junge und Wolf eine Freundschaft geschlossen und er hat erkannt, dass der Junge seinen potentiellen Mörder liebt und der ihn nicht mehr töten will. Als nach langer Zeit die Pfote des Wolfs und das Bein es Vaters verheilt sind, gibt es die Falle nicht mehr, weil der Junge sie vergraben hat. Die Beute, die das Wolfsjunge fängt, bringt er seinen Menschen und sie leben zusammen, bis dass der Tod sie scheidet.

## Besuch bei Mora und Djin

Ich besuche Mora. Wir wollen zusammen eine Ausstellung machen. Wir kommen aber gar nicht zu Planungsgesprächen, weil Mora sich mit Djin streitet. Plötzlich höre ich, wie Djin zu Mora sagt: „Dann musst du eben gehen". Ich bin total geschockt und will wissen, was die Ursache ist. „Seine junge Freundin ist eingezogen", sagt sie. „Na und", sage ich, „das war doch früher nie ein Grund, sich zu trennen." „Nein, früher nicht", sagt sie und steigt von ihrem Hochbett herab und verschwindet in einem unterirdischen Raum. Ich schaue mir ihre neuen Kunstwerke an. Sie sind nicht mehr zum Anziehen, es sind gehäkelte Bilder, farbenprächtig und riesengroß – alle sehr exotisch. Nach einer Weile steige ich in den fensterlosen Raum herab und höre mich sagen: „Ich habe ein Gartenhaus, vielleicht magst du dort eine Zeit lang wohnen. Ich muss nur überlegen, wie meine Sommergäste nicht belästigt werden." Als ich keine Antwort höre, schaue ich mich um im Raum. Mora ist verschwunden.

## Ein neues Material

Jordi und ich haben ein neues Material entwickelt. Es ist biegsam, elastisch, unzerreißbar, man kann es schmelzen und wieder neu gestalten. Mit Hilfe von Freunden bauen wir kleine Fortbewegungs-Mobile. Wir stellen sie auf der Internationalen Frankfurter Messe aus. Alle sind begeistert, nur eines stört alle: Das Material ist stumpf. Du verschwindest mit dem Unikat und kommst nach längerer Zeit wieder zurück. Das Mobile glänzt. „Was hast du gemacht", will ich wissen, und er sagt: „Ich habe es glatt poliert mit dem vielen verschwendeten Papier deiner entsorgten Entwürfe." Innerhalb kürzester Zeit haben wir über zehntausend Aufträge.

## Tränen

Knut, Jordis alter Freund, besuchte mich mit einer wunderschönen Frau. Sie sitzt schüchtern neben ihm und will dann ins Bad gehen. Als ich später ins Bad komme, sind überall Wasserlachen auf dem Boden. Ich bitte Knut, es sich anzusehen. „Das ist ihre einzige Macke – sie hinterlässt immer viel Wasser", sagt er. „Nicht so schlimm",sage ich, „solange es keine Tränen sind".

## Rolle als Außenseiterin

Im Städtchen, in dem ich zur Schule gegangen bin, möchte man anlässlich des fünfzigjährigen Bestehens der Schule ein Gedenkblatt herausbringen. Beiträge werden nur von denen erwünscht, die gerne in diese Schule gingen, und dazu würde ich doch gehören, hieß es. Man lud mich in das eigens eingerichtete Büro in der Gemeindeverwaltung ein, wo ich alte Schüler traf, die ich seit ewigen Zeiten nicht mehr gesehen hatte, unter anderem auch D, der inzwischen im Städtchen ein angesehener Architekt geworden war. Er hatte eine Liste aller Häuser und Gebäude zusammen gestellt, die er gebaut hatte und man wollte von einigen ausgewählten Schülern und Schülerinnen wissen, warum sie meinten, diese Schule hätte einen positiven Einfluß auf das gehabt, was sie später im Leben gelebt und auch zu ihrem Beruf gemacht hätten. Margot war Lehrerin geworden und unterrichtete immer noch an dieser Schule. D. war zuständig für die Gestaltung der Gedenkschrift und wollte von mir einige interessante Dichter-Zitate, die von positiven Schulerinnerungen berichteten. Von denen gebe es ja nicht so viele, meinte er, aber bestimmt hätte ich so meine Quellen, kluge Zitate wären doch meine Spezialität, grinste er, und verwies auf die Briefe, die ich ihm einmal geschrieben hätte und die er alle gesammelt habe und mir zurückgeben wolle, wenn ich das möchte. Ich hatte den Eindruck, immer noch eine Außenseiterin zu sein in meinem „alten Zuhause" und wollte herausfinden warum. „So viel Zeit hast du nicht mehr", sagte D., „außerdem hat dir die Rolle als Außenseiterin doch ganz gut gefallen."

## Zwillinge

Zu den Frauen, die sich bei mir im neuen Studio zusammengefunden haben, gehört auch eine interessante Insel-Freundin. Ihr Bild, das sie gerade gemalt hatte, nannte sie „Löwen-Zwillinge" – es war besonders schön. „Sind nicht immer beide Kinder einer Löwenmutter Zwillinge", wollte ich wissen. „Ja", sagte sie, aber diese sind in ihrer Maserung absolut identisch, „auch Mama scheint sie nicht unterscheiden zu können". „Woher weißt du das", will ich wissen. ""Sie hat es mir erzählt", sagt sie.

# Rojo

Ein schöner Engel steht vor der *casita*. Er hält schützend seine Flügel über das Katzenbett auf dem Rojo, der sehr krank ist, schläft. Leider ist er stumm. Warum redest du nicht mit mir, will ich wissen. Er sieht mich freundlich an und schweigt. Wie könnte ich ihn zum Reden bringen, frage ich mich. Am ehesten indem ich etwas tue, was ich nicht tun soll. Niemand sagt mir, was ich nicht tun sollte. Nicht umsonst liebe ich das Zitat von Hannah Arendt: „Freiheit besteht nicht darin, tun zu können, was wir wollen, sondern nicht tun zu müssen, was wir nicht wollen". Ich sage es wieder einmal laut vor mich hin. Da schaut der Engel mich mit einem sonderbaren Blick an und sagt: Rojo wird demnächst sterben, komm nicht auf die Idee, ihn einschläfern zu lassen, solange er noch Milch trinkt.

## Rojo

Rojo darf auch nachts in meinem Bett schlafen. Manchmal träumt er. Dann bewegen sich seine Pfoten ganz schnellt, wie gerade jetzt, und ich weiß, dass er hinter einer Eidechse herjagt. Er würde nie eine Eidechse töten, es ist ein Kater-Maus-Spiel, das er liebt, die Eidechse ist schneller. Hast du gesehen, wie ich sie in ihrer Lieblings-Mauer-Ritze verschwinden ließ, fragt er mich. Ja, sage ich, das hast du nur gemacht, weil du wusstest, dass ich zuschaue und dich besonders belohne danach.

## Angebot

Auf einer Fahrt durch eine unbekannte Gegend in einem unbekannten Land halte ich an einem Haus an, das mir gefällt. Eine Frau mit einem ungewöhnlich schönen Gesicht und einem deformierten Körper, der hauptsächlich aus einem übergroßen Unterleib zu bestehen scheint, empfängt mich. Sie fasziniert mich auf den ersten Blick, spricht englisch und ist, wie ich nach kurzer Zeit feststelle, sehr gebildet. Nach langen Gesprächen über Dinge, die ich sonst nur mit meiner liebsten Freundin bespreche, stellt sie sich vor: Ich bin Oktomus, Augenärztin. Wie kann sie in dieser verlassenen Gegend Augenärztin sein, frage ich mich, aber ich glaube ihr. Hierher gezogen bin ich, weil ich es nicht mehr ertragen konnte, immer angeglotzt zu werden, sagt sie, weil sie sieht, was sich in meinen Gedanken abspielt. Du bist seit langer Zeit der erste Mensch, mit dem ich über mich rede. Nachdem wir noch lange weiter geredet haben, frage ich sie, ob sie mit mir kommen möchte. Sie sagt – scheinbar ohne nachzudenken – sofort JA. Aber mein Sohn muss auch mitkommen. Den stellt sie mir dann vor. Er ist noch unförmiger als sie selbst, mit einem ebenso schönen Gesicht, kann sich aber nicht bewegen und auch nicht sprechen. Die beiden verständigen sich perfekt durch eine Zeichensprache. Ich willige ein, obgleich ich nicht die leiseste Ahnung habe, wie das gehen soll. Ich muss dir allerdings zeigen, wie du ihm helfen kannst, wenn er auf die Toilette muss, sagt sie. Dann erschrecke ich aber trotzdem, als ich sehe, dass unter seinem unförmigen Bauch ein langer Penis hängt. Er sieht aus wie ein Schwanz mit dem er sich an Gegenständen, mit Hilfe von Stöcken festhalten kann, wie ein Affe. Keine Angst, er ist nicht das, was du zu sehen erwartet hast, sagt sie, seine Zeichen übersetzend und in seinem schönen Gesicht erscheint ein bezauberndes Lächeln. Mit Hilfe des Schwanzes könnte er auch klettern, sagt sie, tut es aber nicht. Er möchte nicht für einen Affen gehalten werden. Ich traue mich nicht zu sagen, dass ich mein Angebot zurücknehmen möchte.

## Zeichen

Ich sitze in meinem alten Haus und schaue auf die veränderte Welt draußen. Sie gefällt mir ganz gut. Es scheint mehr Tiere zu geben. Neben mir an der Wand ist so etwas wie ein Flachbildschirm mit vielen Tasten und Zahlen. Ich drücke wahllos auf eine in der Annahme, ein Fernsehbild würde erscheinen. Stattdessen befinde ich mich plötzlich in einem langen Gang, offenbar innerhalb eines Zuges, beziehungsweise eines Fortbewegungs-Fahrzeuges. Ich öffne immer wieder Türen auf denen ich meine „WC" lesen zu können, aber es sind Duschen. Dann erwische ich eine echte WC-Tür und stelle mich in eine Schlange vor einer Anzeigentafel – wieder mit vielen Symbolen und Tasten, die von allen Wartenden gekonnt bedient werden. Schließlich öffnet sich eine Tür, dahinter scheint die Toilette zu sein, und ich zwänge mich an dem Herauskommenden vorbei, von allen stumm aber vorwurfsvoll betrachtet. Ich mache ein Zeichen der Entschuldigung in der Annahme, dass keiner meine Sprache versteht.

Hier endet der Traum. Beim Aufwachen stelle ich

fest, dass ich dringend Pipi machen muss, was offenbar die Traumgeschichte in Gang setzte oder fortführte, nachdem ich vorher geträumt hatte, nach hundert Jahren oder vielleicht tausend wieder auf der Welt zu sein.

## Loslassen

Ich bin auf der Ffm-Messe. Von meinen Kolleginnen aus der Seidenmal-Zeit gibt es nur noch Rosemarie, die schon damals die klassischsten und professionellsten Modelle machte. Wir kannten uns nicht persönlich. Ich bewunderte ihre Kunstwerke – meistens Unikate, die ich auch früher nie als Mode ansah. Ich kaufte auf der Messe so viel ein, dass ich nicht nur keine Hände mehr frei hatte, ich konnte mich auch kaum noch bewegen. Zum Schluss schenkte mir Rosemarie noch eine schöne Blume in einem Topf. Um aus dem endlosen Trubel des Messegeländes heraus zu kommen, hatte ich mit Mit-Besuchern ausgemacht, dass wir zusammenbleiben und gemeinsam die Messe verlassen. Ich war aber nicht in der Lage, mit ihnen Schritt zu halten auf Grund meines Gepäck-Übergewichts. Ich fing an, nach und nach das Erworbene wegzuwerfen, als erstes die schöne Blume im Topf. In einer großen Tasche hatte ich meine eigene Seidenjacke, die ich Rosemarie beziehungsweise einer noch ausstellenden Kollegin hatte zeigen wollen: Ich stellte fest, die Tasche war verschwunden. Die Jacke war die erste, die ich auch selbst genäht hatte. Die Farben waren wunderschön, der Schnitt simpel, aber das ganze Unikat sichtbar das Werk einer Autodidaktin. Plötzlich wurde mir klar, dass ich mich immer als Autodidaktin überschätzt hatte und dass ich sammelte, um zu kopieren. Da warf ich, bis auf das Kunst-Werk von Rosemarie, alles, was ich erstanden hatte, weg und suchte allein den Weg aus dem Messe-Trubel.

## Wunschlos glücklich

Ich lebe im Wunderland. Der kleinste Wunsch wird mir erfüllt – heißt es. Weil die Wünsche nicht rückgängig zu machen sind, beginne ich ein intensives Training, keine Wünsche mehr zu haben. All die vielen Dinge, die mich umgeben, finden keinen Platz mehr in der *casita*, und ich suche nach einem Wunsch, der es wert ist, gewünscht zu werden. Dann fällt er mir ein: Ich möchte wunschlos glücklich sein.

## Brotlose Kunst

Zusammen mit einem Freund organisiere ich einmal monatlich ein Treffen mit armen Künstlern. Restaurant- und Kneipenbesitzer beteiligen sich und bieten kleine Köstlichkeiten an. Dieses Mal treffe ich eine alte Bekannte aus Hamburger Literatur-Trubel-Zeiten – Angela Pietrzik. Sie sieht wunderbar aus. Hast du eine Verjüngungskur gemacht, will ich wissen. Sie lacht und flirtet mit meinem Freund. Nein, meint sie, ich bin nur inzwischen keine Malerin mehr und dichte nur noch. Wie du weißt ist auch das eine brotlose Kunst, aber sie erhält jung.

## Geschenke

In Zukunft werde ich meine Träume Kurzgeschichten
    nennen
Ich muss ihre Handlung nicht einmal kennen

Von den Traum-Geistern lasse ich sie mir schenken
Nicht übel – das ersetzt das Planen und Ausdenken

Vielleicht wollen sie mich auch nur zur Prosa bekehren
Mir ist alles recht – denn gegen Geister werde ich mich
    nicht wehren

Und gegen Geschenke schon gar nicht
Wer hätte gedacht, dass Geschichten-Schreiben ein
    Geschenk ist

Beschenkt  fühlte ich mich immer auch als Leserin
Geschenke machen nicht nur dankbar – sie machen Sinn.

# Alphabetisches Verzeichnis der Titel

# Zur Autorin

Marianne Hartwig wurde im Hunsrück geboren und verbrachte dort ihre Kindheit und frühe Jugend.

Sie betätigte sich u.a. als Designerin, Antiquitätenhändlerin in London und Hamburg. Als Kunsthandwerkerin entwarf sie bildhafte, textile Arbeiten und präsentierte sie zehn Jahre lang auf der Internationalen Frankfurter Messe. Parallel war sie Mitbegründerin einer Hamburger Literaturgruppe und nahm an Lesungen teil, auch innerhalb des Hamburger „Literatrubel" in den 1980er Jahren.

Verheiratet, bis ihr Mann 2009 unerwartet starb, hat sie einen erwachsenen Sohn und lebt mit ihren Katzen vorwiegend auf Ibiza. Sie pendelt jedoch zwischen neuer und alter Heimat, dem Hunsrück, den sie ebenso liebt.

Seit mehr als 35 Jahren schreibt sie vor allem Gedichte und Erzählungen.

Bisher von ihr erschienen:

*Wie Sand am Meer: Freud und Leid Gedichte* (BoD, Norderstedt, 2009), 192 S., broschiert, ISBN: 978-3-8391-1160-4

*Sucht und Sehnsucht: Mit dir und ohne dich* (BoD, Norderstedt, 2010), 308 S., broschiert, ISBN: 978-3-8423-3140-2

*Balanceakt: Nach der Zeit zu zweit* (BoD, Norderstedt, 2011), 199 S., broschiert, ISBN: 978-3-8423-8300-5

*Ein Hauch von Zuversicht* (BoD, Norderstedt, 2012), 236 S., broschiert, ISBN: 978-3-8482-2571-2

*Daheim: Eine ungereimte Kindheit* (BoD, Norderstedt, 2014), 288 S., broschiert, ISBN: 978-3-7357-5630-5

*Weniger, aber Meer: Von der unerreichbaren Gelassenheit auf Ibiza* (BoD, Norderstedt, 2015), 240 S., broschiert, ISBN: 978-3-7347-7152-1

*Mutwillig: Von Leicht-, Froh- und Unsinn* (BoD, Norderstedt, 2016), 212 S. broschiert, ISBN 978-3-7412-6198-5

*Vor-Lieben: Poesie des Alltags* (BoD, Norderstedt, 2017), 272 S. broschiert, ISBN 978-3-7460-4404-0

*Mit sich und der Welt in Reimen: Aus meinem lyrischen Tagebuch* (BoD, Norderstedt, 2018), 208 S. broschiert, ISBN 978-3-7481-4120-4

*Fragwürdig* (BoD, Norderstedt, 2019), 356 S., broschiert, ISBN: 978-3-7504-1219-4

*Abramakabra* (BoD, Norderstedt, 2020), 380 S., broschiert, ISBN: 978-3-7526-2324-6

*Einfach leben: Und in Versen und Träumen davon erzählen* (BoD, Norderstedt, 2022), 388 S., broschiert, ISBN: 978-3-7562-1187-6

*Ojalá: Aus dem Tagebuch eines Liebhabers* (BoD, Norderstedt, 2022), Erzählung, 252 S., broschiert, ISBN: 978-3-7557-7604-8

*Lebenslandschaften: Im Licht und Schatten* (BoD, Norderstedt, 2023), 342 S., broschiert, ISBN: 978-3-7578-2116-6